「弔」怖い話《とむらいのこわいはなし》
黄泉ノ家《よみのいえ》

加藤 一

JN053558

竹書房
怪談
文庫

※本書は体験者および関係者に実際に取材した内容をもとに書き綴られた怪談集です。体験者の記憶と主観のもとに再現されたものであり、掲載するすべてを事実と認定するものではございません。あらかじめご了承ください。

※本書に登場する人物名は、様々な事情を考慮してすべて仮名にしてあります。また、作中に登場する体験者の記憶と体験当時の世相を鑑み、極力当時の様相を再現するよう心がけています。今日の見地においては若干耳慣れない言葉・表記が記載される場合がございますが、これらは差別・侮蔑を助長する意図に基づくものではございません。

本書の実話怪談記事は、『「弔」怖い話 黄泉ノ家』のために新たに取材されたものなどを中心に構成されています。快く取材に応じていただいた方々、体験談を提供していただいた方々に感謝の意を述べるとともに、本書の作成に関わられた関係者各位の無事をお祈り申し上げます。

端書き

聞き書き怪談というものは、個人の体験を再現することに努めた読み物です。

著者が構想し設計し全てを俯瞰して描く小説と異なり、聞き書き怪談には必ず体験者が実在しています。彼ら彼女らが遭遇した体験を、体験者の視点から見えるその視界を、体験者の実生活に支障が出ない範囲でできるだけ忠実に再構築し、再現されたその現場に読者の意識を連れていこうとする試みでもあります。

できるだけ、そのときの状況を再現しようと努めてはいるんですが、どうしても「その人にしか分からない視界」というものがあったりはします。そう――。

霊能力者の視点、というものです。

彼らにはどう見えているのか。或いは、どう触れているのか。聞こえているのか。

それら、人ならざるものや、我々の次元からは見えないものなどについて、どう対処しているのか。どう折り合っているのか。

というわけで、今作は「視える人」から見える世界のお話が若干多めになりました。

著者

目次

終《つい》の棲家にケチは野暮

歳を食ったせいか、昨今墓参の機会が増えた。

うちの近所に江戸の昔から続くという古墓地がある。彼岸の季節になると線香の香りが漂ってくるので、今も手篤く供養されているのだろう。が、そこに並ぶやたらと年季の入った墓に至っては、彫り込まれているはずの墓碑や銘が経年劣化で崩れてしまっていて、誰の墓やらさっぱり分からない。

そういう劣化を避けるためなのか、昭和の頃になるとつるつるの御影石《みかげいし》や大理石に〈何《なに》某《がし》家の墓〉と彫り込まれた、風化しにくい墓が増えた。が、どれもデザインにさして違いがなく金太郎飴のように似通っていて、年に何度も墓参に行かないような不信心者には目当ての墓を見つけにくい。

それを反映してか、平成の何時頃からか今度は個性豊かな墓石が流行ったらしく、家族墓でなく特に個人墓でそうしたものを見る機会が増えた。遺族が改めて用意するには苦笑を伴うような個性の行きすぎた墓石を多く見かけたが、これはきっと故人が生前にダダをこねて自分の墓を用意するようなケースであろうと思われた。

そんな個性的すぎる墓石のブームが落ちついた頃、再び「似たようなデザインの墓石」ばかりが並ぶようになった。プライバシー、個人情報に配慮するためなのか、墓石の表面には家名や個人名すらなく、〈悠〉であるとか〈安らぎ〉であるとか、何となくそれっぽい言葉か、或いはどこぞの旅館の部屋の名前のようなものが刻まれた。

再び〈目立ちにくい墓〉の需要が巡ってきたらしい。

*

「そりゃあ、頻繁に行くような場所じゃねえけどさ」

御年七十幾つの宗次郎さんは、最近、久方ぶりに墓参に出かけたのだという。

先祖代々世話になっている寺の墓地で、近場の者達は大体この墓に入る。宗次郎さんの父母も祖父母も兄弟も、大体その墓で眠っている。

ただ、近くにあるからと言って、足繁く通う場所でもない。

最後に線香を上げに行ったのがいつだったか思い出せない。

去年の盆か、春の彼岸か、いやそれよりも前の誰かの法事だったか。

卒塔婆《そとば》も花も替えた記憶がないから、大分間を空けてしまったのかもしれないが、盆くらいは――と、水桶、切り花をぶら提げて、先祖代々の墓に向かった。

広い墓地の中を歩く、その道すがらのこと。

何とも目立つ墓があった。

似たような墓石、飾り立てた切り花、そんな中にあって、その墓はどうにも異彩を放っていた。

それは、黄金色に輝いていた。

大理石の白でもなく、御影石の黒でもない。

その形状こそありふれた量産型の墓石と大差ないのだが、墓地の一角で金ピカに光っているのである。

宗次郎さんは、思わず足を止めた。

「何だこりゃ。下品だな」

まじまじと墓石を眺め、首を捻った。

前回墓参りに来たとき、こんな墓あったかな。

真新しい墓なのか、金ピカのせいで真新しく見えるのかは分からない。

確かに金箔を張った御本尊だの、仏具の類はある。ありがたいものなのだろうし、仏様の荘厳さみたいなものを演出する意図としてはありなのだろう。

だが、墓地の一角に居並ぶ墓石としてはどうなんだろう。

そういう宗派なのか故人の遺志なのかは分からないが、誰か止めなかったのか、これ。

まあ、見知らぬ他人の墓だ。

宗次郎さんは金ピカの墓の前を足早に通り過ぎ、さほど派手でもない凡庸な我が家の墓に手を合わせた。


その晩のこと。

軽く晩酌などして、早めに寝床に潜り込んだ。

酒は幾つになっても止められないが、歳のせいか少しで足りるようになって久しい。

夏掛けを申し訳程度に腹に掛け、目を閉じた。

と、蒸し暑かった室内がひんやりしてくる。

エアコンを点けた覚えはないが――。

暗がりの中、身体を起こそうとしたが、それは叶わなかった。

万力で押さえつけられたような、或いはギチッと縛り付けられたような。

身体がその端々まで固められてしまっているかのように動かない。

動けない、ということを自覚した途端、眠気が遠のいた。

酔いも抜けていく。

息苦しさに苛《さいな》まれる。

どうしたことだ、これは何だ、という疑問で頭がフル回転する。

もがきにもがいて、どうにかこうにか瞼だけは開けることができた。

視界の隅に、人の気配がある。

暗がりであるはずのそこに、人がいるのが分かる。

自分と大差ないジジイがいて、宗次郎さんの首を絞めあげている。

その枯れ木のような腕にはさほど力が入らないようで、ジジイは馬乗りになって体重を掛けてきているのだが、絞め殺してしまうほどの決め手にはならない。

片や枯れ木のようなジジイ、片や老いてなお意気軒昂《いきけんこう》なジジイ。

枯れ木ジジイの責め苦から逃れようともがいているうちに、いつの間にか宗次郎さんの身体の戒めは解け、そして気付くとそのジジイの姿も気配も消え去ってしまった。

「……俺ァ、七十越えてんだぞ。こんなこたァ、生まれて初めてだ」

迂闊《うかつ》に他人の墓を品評したのがいけなかったのかもしれないが、そういうことだから俺は金輪際、あの墓の前を通らない、と宗次郎さんは頭を掻いた。

大垣さんの家の墓も、宗次郎さんのところと同じ墓地にある。

お父上を亡くされた大垣さんは、宗次郎さんよりは足繁く墓参りをしているはずだが、そんな変わった墓などついぞ記憶にない。

が、線香の一つも上げるついでに、と墓地に入ると、宗次郎さんの話にあった件の墓が本当にあった。

遠目に見ても金ピカである。

宗次郎さんの話を聞いていたので近付こうとは思わなかったが、どうも墓そのものではなく篆刻《てんこく》された文字が金色に光っているようだった。

「まあ、何というか結構目立ってましたね」

――当人がそれでいいなら、まあいいんじゃないですかね。

ワンオペ薬局

僕の幼馴染みに、薬局の息子、というのがいる。

僕らが子供の頃は、何処の町内にもある個人営業の町薬局、という風情だった。だが、今は息子が店を大きくして県内に何店舗もあるフランチャイズの社長になっているようなので、彼もなかなかのやり手である。

とはいえ、薬局というのは誰でも無資格に開業、運営できる、という代物ではない。

病院近くの製剤薬局から個人営業の町薬局、そして雑貨や化粧品まで商うドラッグストアに至るまで、調剤薬、市販薬を問わず薬を扱う店は全て必ず、薬剤師が常駐していなければならない、と法律で定められている。

時折、街中のドラッグストアで妙に歳を食ったおっちゃんがレジ打ちしていることがあるが、あれはリタイアしたシルバー人材がアルバイトをしている——とは必ずしも限らなくて、ちゃんと資格を持った薬剤師であったりする場合がある。

この薬剤師という職業は、医師と同様に六年制の薬科大学、薬学部を卒業しなければ、その資格を得ることができない。調剤薬局で錠剤やカプセルを袋に詰めるだけの簡単なお仕事、などと侮られがちではあるが、人体に影響を及ぼす薬剤を扱う仕事である以上、その資格条件は大変にハードルが高い。

以前、大学入試ガイドブックの仕事を受けたことがあるのだが、その仕事の流れでとある薬科大学の現役学生を取材したことがある。

薬科大学というのは、その他の一般大学と比べてもとにかく実習や課題が多い分野なのだそうだ。

「所謂《いわゆる》、薔薇《ばら》色の大学生活とか、ほぼないものと思って下さい」

取材に答えてくれた学生はそんなことを言っていた。

進学したら、クラブやらサークルやらモラトリアムで遊ぶ暇どころか、アルバイトをする時間すら作れないのが普通なのだ、という。

「多忙すぎて、実習と課題以外をやる時間が殆ど取れないんです」

もちろん、不真面目な学生はいるのだろうが、手を抜けば六年で卒業できなくなる。

そもそも、親も薬剤師で実家も薬局を営んでいるという学生が多いようで、全額実家からの仕送りのケースも珍しくない。そこそこ学費も掛かるので、生活費や学費を自力で稼ぐ余力すらない学生生活で留年し、親に余計な負担を掛けている余裕などない。

薔薇色の青春は何処にもない過酷な勉強三昧の果てになる薬剤師という仕事だが、この仕事の良いところは、「絶対に食いっぱぐれることがないところ」なのだとか。

人は生まれ、生き、病を得て弱り、老いていつか死ぬ。

その営みと薬は不可分であって、人が人である限り、人が医療を求める限り、今後も需要が尽きることはない。だから、仕事には困らない。

「今、青春をすり潰してでも、社会に出たらその後の人生が安泰になるんですよ。だからこそ、今が頑張りどころなんです」

あのときの学生さんも、今は何処かの薬局に勤めているのだろうか。

*

宇田さんは、千代田区にある薬局にお勤めである。

薬剤師として着実なキャリアを積み、店舗での実務も長いベテランである。

彼が今の薬局で勤め始めてから、五年ほどになる。

客——いや、患者さんは、概ね安定している。

現在の店は都心のテナントに入っているが、都心のオフィス街に近いこともあってビジネスマンなどの出入りもある。また、どんな都会、どんな街中にも、昔から住んでいる人々、そこで暮らしている人々というのはいるもので、マンション住まいか、表通りから何本か入った先にある戸建てや商家の住人などの利用も多い。

五年の間に顔なじみになった常連さんも少なからずいる。

良い立地であるし、客足も絶えず、経営も安定している。

良いことだと思う。

思うのだが、何故かスタッフの入れ替わりが激しい。

勤め始めはさしたる問題はない。

が、次第に倦《う》んでくる。

発言に危うさが見え始める。

刺々しい言葉選びをするようになる。

どこか病んでいるのではないかと心配になってくる。

紺屋《こうや》の白袴《しろばかま》、医者の不養生に当たるものが薬剤師にも当てはまるのかどうかは分からないのだが、心の重心が危うくなっていき、ついには限界を迎えてしまう。

病院から回されてきた処方箋を握り潰し、患者さんに向かって暴言を吐き、叫び、蹲《うずくま》り、その翌日から来なくなってしまったスタッフがいた。

大丈夫、大丈夫、と笑っていたが、次第にその笑みが弱々しいものに変わっていった者もいた。

「大したことはないから心配要らないけど、ちょっと明日は病院に寄ってきます」

という言葉を最後に、そのまま仕事を辞めてしまわれたスタッフもいた。

開業当初からのスタッフは一人も残っておらず、宇田さんより少し前に入った先輩が、宇田さんと入れ替わりに退職していったりもした。

宇田さんの後に入った後輩が、瞬く間にいなくなったこともあった。

これという明確な理由はないが、とにかく人が居着かない。

それとはなしに患者さん達の噂話を聞くだに、以前からそうなのだ、とも言う。


出入りの製薬会社の営業氏によれば、ここに人が居着かないのは昔からなのだという。

「この薬局、宇田さんがお勤めに入る五年くらい前に開店したんですが、人の出入りが激しいのはその頃からずっと変わらないんですよね」

人が辞めていく理由は様々であった。

鬱をこじらせて。

病気になったので。

突然倒れてしまい。

失踪。

家の事情で。

実家に戻ることになって。

離婚したので。

鬱々とする理由ばかりを指折り数えていることに気付いた営業氏は、自身が挙げた理由を打ち消すように、別の理由も付け足した。

「いや、ネガティブな理由で辞められた方ばかりでもないですよ。御懐妊とか、御結婚とか、おめでたい理由で職を辞した方もいらっしゃいましたし」

気まずそうに慰められた。

実際、一つ一つを取ってみれば、「生きていればそういうこともある」というありふれた不遇、ありふれた人生のイベントの類が、勤め先より優先した――それだけのことと言えるだろう。

薬剤師という仕事は引く手数多《あまた》というか、需要はある。

このため、店を移ることに躊躇《ちゅうちょ》のない人もいない訳ではないし、珍しくはない。

ただ、普通は同じ薬局に長く勤める薬剤師のほうが多い。

長患い、持病みたいなものとの付き合いが長くなり始めると、患者は薬局も概ね同じ店を利用することになってくる。

となれば、事情病状について把握してくれている顔なじみの薬剤師がいることが、そのまま薬局の信頼に繋がっていたりもする。

ところが、この薬局はそうなっていない。

「行くたびにスタッフが違う」

「前の薬剤師に伝えたことが、十分に引き継がれないうちに入れ替わっている」

これには、調剤薬局と繋がりを持つ近隣の医療機関からも忠言のようなものがあった。

曰く、「調剤薬局は病院で指定する訳ではないが、窓口となる薬剤師がいつも違うというのは、患者の信頼を損なう」。

ネガティブな理由であれポジティブな理由であれ、そのいずれもが、この薬局に限って一年も満たないような短い期間で辞めて入れ替わっていくというのは、如何なものか。

いちいち尤《もっと》もである。

斯様《かよう》にスタッフの顔ぶれが安定しないことは、医療機関にも利用者である常連患者の間にも知れ渡ってしまっていた。

「弊社としてもやはり分かっているスタッフの方が、長く勤めて下さったほうがありがたい訳でして。宇田さんは……あれ？　もう五年でしたっけ。この店では大分保ってるほうだと思います。辞めないでね」

営業氏は真顔で、懇願した。

この薬局にはスタッフは常時複数人いて、ローテーションで店を回していける体制にはなっているのだが、前述の理由から、しばしば宇田さんはワンオペになることがあった。

丁度折悪くスタッフが急なお休みとか、丁度折悪くスタッフが辞めてしまって補充がすぐには来ないだとか、そういう理由である。

待合のベンチに患者さんが溜まり始めるとそれなりに焦りも生じてくるのだが、そこで焦燥から薬の取り違えなどを起こしてしまうなど、あってはならないことだ。

なので、迅速よりも確実を心掛ける。

予定外の残業や、混み合う曜日に店を一人で回すのは並大抵のことではないのだが、そういうときに限って、それは店内に現れた。

「お待たせしました」

薬袋を持って窓口に戻る途中、視界の端を何かが過ぎった。

白衣であったと思う。

「あれっ？」

手が空いてるなら手伝っ――。

いや、違うか。

今、自分だけだろ。この店。

そう思い直して振り返るが、やはり自分一人しかいない。


似たようなことが起きたのは、この一度だけではなかった。

それは丈の長い白衣を着た男性である。

白衣の裾からスーツのズボンの足下が見える。

というより、宇田さんがワンオペのときに限って繰り返しそれは現れる。

薬棚の間を歩いて、立ち止まり、何かを探してまた歩く。

調剤室の薬棚をチェックして忙しげに立ち歩く薬剤師には、よくある足取りである。

ワンオペ勤務のときにばかり起きるので、他のスタッフと見間違えていることはあり得ないのだが、振り返るとやはり誰もいない。

自分も疲れているのだろうか、と首を捻る。

だが、あるときのこと。

呼び出しを待つ患者さんが、振り返った自分と同じ方向を見て、「あれっ？」という表情を浮かべていた。

そのまま、誰かの動きを追うように視線を泳がせている。

宇田さんよりも、よりはっきりと〈白衣の男〉が見えているようだ。

宇田さんと目が合った折、患者さんはふと目を逸らし、そのことには一言も触れずに帰っていった。


この薬局で勤めていると、たまにこんなことを言われることがある。

「久しぶりに来たけど、再開したの？」

再開も何も、今の店舗になってから営業そのものは途絶えたことはないと聞いているが。

「じゃなくて、ここ前も薬局だったよね。ビルになる前」

この薬局は商業ビルのテナントに入っているのだが、以前、近隣にお住まいだった方々によると、ビルが建つ以前は同じ敷地に薬局のみが営業していたのだそうだ。

昔気質《むかしかたぎ》の高齢の薬局店主が一人で店を営んでいたが、天寿を全うして店を畳んだ。

店、というより土地と建物を息子さんが相続したものの、彼は薬局は継がなかった。

店を潰して現在の商業ビルに建て替え、それから数十年ほど過ぎて、今の薬局がテナントとして入った。

ビルになる前の元の薬局と、宇田さんがお勤めの今の薬局との間には経営も資本も全く関係がないのだが、偶然なのか屋号が似ていた。

「前は丸山薬局で——ああ、今は丸川薬局か。ごめんごめん、一字違ってたわ。てっきり、親族か親戚がまたここで薬局始めたのかと思って」

似たような問い合わせがたまにあるなとは思っていたが、理由はそこにあったらしい。

「なるほど」

となると、アレは前に営業していたという薬局の御店主なのかもしれない。

歳のいった常連の患者さんが取り立てて騒ぎ立てないのも、それが理由かもしれない。

スタッフの出入りは相変わらず頻繁ながら、早々に辞めてしまう人に何か共通点のようなものがあるような気がしてはいる。これとはっきりとは分からないのだが、求められる仕事に対する誠実さ、みたいなものだろうか。宇田さんには計り知れないが、幾らかでも勤め始めに違和感がある人物は、やはり短期で辞めてしまう。

一方で、求人に対する応募が途切れるということもない。人の出入りが頻繁ということは、入ってくる人が途絶えないということだ。

薬局の営業は安定していて、目下、宇田さんの私生活には特にこれと言って支障がない。

つまりは、初代御店主のお眼鏡に適うことが、勤続の条件なのかもしれない。

宇田さんは、もう五年近くもこの薬局で勤めている。彼だけが異例の定着率である。無事に勤められているということは、認めていただけているということかもしれない。なるほど、なるほど。

「御評価いただけているなら、ありがたいことです。日々、感謝して頑張ろうと誓いを新たにしています。……まあ、ワンオペで忙しいときに現れるなら、少しは手伝ってくれないか、とは思うんですが」

そんな訳で、宇田さんのワンオペの日に初代御店主らしき白衣の男が現れるというのは、今も続いている。

うろうろはしていても、手は貸してくれないままであるとのこと。

何処にでもある、そういう話

その家は、店を兼ねていた。

二階建ての店舗兼住宅で、二階が家族の住居、一階では商店を営んでいた。

昭和の頃に建った家だ、と聞いている。

彼女にとっては生まれたときから住んでいる家であるから、それが自分にとっての普通であり、そこで起きることはありふれたよくあることであると思ってきた。

だが、「自分の家によく起きること」が、「よその家でもよく起きること」であるかどうかというのは、実際に比較対象を知るようになるまで気付けないものだ。

だから、一階から二階に上がる階段が十三段しかないことを、不自然とか不気味と思ったことはなかったのだという。

冷蔵庫、洗濯機、テレビ、そういった何処の家にでもある家電は、もちろんこの家にもあった。

しかし、記憶にある家電製品は、いつも最新型だった。

商売を営む家だったが、それほど裕福な家庭だった、という記憶はない。どちらかと言えば、いつも暮らしに汲々としていたような気がする。

しかし、何かと新品の家電があった。

否。何というのか、物がよく壊れる家だった。

だから、必要最低限のもの以外の家電はあまりなかったが、その必要最低限の家電は頻繁に新しいものに換えられていた。

困るのは電灯の類で、白熱電球も蛍光灯も頻繁に切れていた。塵も積もればという奴である。しまいには、玄関灯のスイッチまで点かなくなってしまい、両親は大がかりな電気工事を厭って、玄関の明かりは消しっぱなしにされた。


家の中にはいつも知らない人の気配があった。

商売を営む家だったので、彼女はずっと〈そういうものだ〉と思っていた。

彼女と、弟、それから妹。両親。

それとは別の〈誰か〉の気配がある。

店が休みの日にも常に誰かしらの気配がある。

鎧戸《よろいど》を閉じて真っ暗の階下から、足音が聞こえたことがあった。

靴底をガツガツと床にぶつけて歩くそれは、男であるように思えた。

父は目の前にいるし、母とも思えない。
家族の誰でもないのに、誰かが階下を歩いている。
そのことを家族は誰も話題に出さない。だから、〈そういうものなのだ〉と思った。

こういうことは、しばしばあった。
幼い妹が、彼女の袖を引いて「お姉ちゃん、お姉ちゃん」と訊ねた。
「どした？」
「誰か、来てた」
妹が一人遊びをしていたとき、来訪者があったらしい。
みしり、みしり、と畳を踏んで歩く人。
いつ上がってきたのか、いつから歩いていたのかは分からない。
気付いたら、その人——人々は、妹のいた二階の居室にいた。
妹によれば、その一団は誰もが着物を着ていた。
真っ白い着物を着ていて、皆一列になっていた。
花嫁行列のようなきらびやかなもの、という訳でもなかった。
洋服ではなく浴衣のようなものだったから、幼い妹は〈着物〉と表現した。

老若男女、それぞれ全てが白い着物を着て列をなし、畳をキシキシと踏んで歩く。

それは部屋に誂《あつら》えられた押し入れに向かって続いていた。

押し入れの襖は閉められていたはずだが、一歩進むたび襖の中にスゥと融《と》けるように吸い込まれていった。

最後の一人が押し入れに消えるまで妹はそれを見送ったが、押し入れを開けて確かめることはしなかった。

押し入れに潜り込んだ人数を数えてはいなかったが、姉とかくれんぼをして遊んだことのあるあの押し入れに、それほど大人数の大人が隠れることはできそうにないことは、すぐに分かったからだ。


弟も何事もなく、とはならなかった。

弟は畳に敷いた布団で寝入っていた。

一度は眠りに就いていたはずだが、夜半、目が覚めてしまった。

せっかくだから便所でも行くか、と起き上がろうとすると、身体が動かない。

頭はみるみる冴えていくのに、身体のほうは指一つ動かすことができずにいる。

と、誰かが自分の布団を捲る気配があった。

何者かが弟と同じ布団の中に蹲り、弟の体温で暖を取っている。

ひやりとする居心地の悪さに少し腹が立った。

妹か？　或いは姉が寝ぼけたか。

そう疑ったが、何しろ身体が動かない。

そうこうするうちに戒めが解けた。

完全に頭は冴えていたので、ガバッと布団をはね除けて起き上がった。

が、誰もいない。

妹と姉は、それぞれ自分の布団を被って眠っている。

掛け布団にも特に乱れはない。

弟は侵入者を疑い、工具箱から取り出したドライバーを握りしめて、夜半の室内を探した。二階の子供部屋はもちろん、両親の部屋、居間、便所、一階の店舗のほうも見て回ったものの誰も見つからず、玄関の鍵もしっかり施錠されたままだった。

誰かが弟の布団に潜り込んできた気配は確かにあったのに。


そのうち家の壁全体が腐ってしまい、店をやるにも暮らすにも不便が出るようになって、実家はついに建て替えられた。

建て替え工事が始まったとき、近所のおばちゃんが訳知り顔に話していた。

「ここはねえ、土地がよくないんよ」

元の家が建つ前、整地のために穴を掘ったら頭蓋骨がごろごろ出てきた。

そのせいなのか、元は刑場だった、というまことしやかな噂があった。

首を切る刑場だというから、昭和や明治どころの騒ぎではない、より古い時代のものかもしれない。

おばちゃんによれば、

「工事を請け負った工務店の社長は――首を吊ってるしね」

道路を挟んで向かいにも店舗住宅が建っていた。路面店という好立地にも拘《かかわ》らずそちらもあまり商売が続かないらしく、彼女が覚えているだけでも二度ほど店が潰れている。

「それで、建て替えた御実家は今は？」

「今は駐車場になっています」

ああ――つまり、そういう。

温泉は吟味して選べ

怪談を仕事にするようになって、かれこれ三十数年経つ。

昔は怪談と言えば「夏に出るもの」だったので、大体GW前後頃が〆切で、初夏から盆休みに掛けてが商機だった。

GW頃は追い込みの時期に入っているので連休はない。

出版業界にはお盆進行というものがあって、これは印刷所が盆休みに入ってしまうので、それに合わせて全ての日程が前倒しになる。そのうえ、「盆休みが明けたらすぐに原稿を下さい」という言伝がぽつんと残されていたりするので、これまた世の中が楽しく休んでいる間であっても、モノカキには盆休みというものがない。

そして、昨今は怪談本と言えば「年がら年中出るもの」になった。怪談好きに於かれては喜ばしいことではないかと思う。だが、これもまた一月末売りの『「超」怖い話』の校了が正月休み明けで、年末年始の休みの間に原稿を進めなければならぬ。

つまり、ここ三十年ほど「長期休み」であるとか「バカンスで何処か温泉へ」といった経験が殆どない。

というような苦行について訥々《とつとつ》と語っていたところ、青柳さんは溜め息を吐いた。

「温泉かあ。……温泉ねえ」

＊

日本は火山列島であると同時に温泉大国でもあって、全国津々浦々に有名無名の温泉宿がある。ちょっとした観光地なら、必ず何らかの〈名湯〉を看板に入れる程度のことは珍しくない。

阿蘇、桜島など国内有数の火山を擁する九州も、温泉を売りにする宿は多い。

だから、よほどハイシーズンでもない限り、事前の予約などせずにふらりと当て所ない旅に出ても、温泉付きの宿に飛び込むことはできる。

ただ、温泉があまりにも何処にでもあるものだから、温泉があるというだけでは必ずしも当たりの宿とはならない。

ナントカ旅館別館、パレスナントカなどと大仰な名前が付いているからさぞや豪華な温泉ホテルかと思ったら、殆ど民宿と大差ないようなところもあるし、個人経営の小さな宿かと思っていたら、古式ゆかしき知る人ぞ知る秘湯であったりすることもある。

今はネットから簡単に予約ができるようにもなったので、予約ページの予備情報を見ればハズレを引くことなどない――と思われがちだが、「聞くと行くでは大違い」ということもある。何だかんだで、飛び込みで決める宿選びはバクチなのである。

青柳さんとその友人達は、突然日程が合ったからという軽い理由で旅行に出かけた。急に決まった小旅行で、どうせなら温泉に浸かりに行こうということになった。行く先にも宿にも当てがあった訳ではない。それでも、行けばどうにかなるだろう、という行き当たりばったりを楽しむことにした。

友人共々社会人にはなっていたが、言うほど金が自由になる訳でもないから、勢い学生時代のような貧乏旅行になった。

「温泉に入れるなら、宿は安いところでいい。何なら素泊まりでいい」

安宿の〈豪華な食事〉など高が知れているのだから、そんなものは当てにせず徹底的に安上がりに行こうじゃないか、と。

日中、友人の車であちこち走り回った。コンビニで菓子パンと安酒と肴などを買い込み、そろそろ今日の宿を決めようか、と適当に検索して、一番安そうな旅館に決めた。

案内が適当なのかカーナビがまるで当てにならず、山道を行きつ帰りつしながら、どうにかこうにか今日の宿に辿り着いた。

宿のグレードはというと、正直なところ「安いなり」だった。

ホテルというような華美さはない。民宿というほど気安くはないが、旅館というには今一つ、いや二つ、何なら三つくらい足りない。

よく言えば「鄙《ひな》びた宿」ということなのだろうが、金がなくて客入りがなくて、修繕にも殆ど手が回らない宿。ビジネスホテルより貧乏臭いが、連れ込み宿よりは幾分マシ、かもしれない、という何とも微妙な宿だった。

カウンターで鍵は渡されなかったし、部屋への案内もなかった。

「一階の突き当たりになりますんで」

薄暗い廊下の山側に和風の襖が並んでいる。

言われた部屋の襖風の入り口から室内に入ると、室内は六畳ほどの小さな和室だった。

窓は一つ。鬱蒼《うっそう》と森の茂る山側に向いてあるようで、眺望は全くない。

室内には、内風呂もなければトイレも洗面すらもない。

何処かかび臭い畳と、布団を詰め込んであるであろう押し入れ。

床の間のようなスペースに置かれた浴衣が、割と小綺麗であったことだけが救いだった。

荷を解くため、入り口に鍵を掛けようと振り返って気付いた。

この部屋の入り口は、襖風などではなく本当にただの襖だった。当然、鍵などというものはなかった。

安い宿なりの安い造りとはいえ、これはちょっとケチりすぎたかと些《いささ》か後悔したが、今から別の宿を探そうという気力はもうなかった。

「そういえば、晩ご飯食べ損なったねえ」

そもそもチェックインも大分遅かったし、夕飯を頼める時間は大分過ぎていた。

いや、こんな宿で夕食を頼んだところで、ビジホの朝食に毛が生えた程度のものしか見込めなかっただろう。だから、寧《むし》ろ道すがら買い込んだコンビニの菓子パンで正解だったと思う。

そして温泉は、というと。

露天風呂はさすがに望めなかったが、この宿にも温泉はあった。

所謂「大浴場」という奴で、館内にある着替え所の先に小ぶりの銭湯といった程度の風呂があった。

他に宿泊客を見かけなかったが、見かけないということといないということは必ずしもイコールではない。

部屋に貴重品をしまう金庫のようなものがなかったので薄々厭な予感はしていたのだが、大浴場の着替え所にも鍵の掛かるロッカーのようなものもなく、着てきた浴衣を置いておく竹籠のようなものがあるばかりだった。

念のため財布と車の鍵とスマホは持ってきたが、鍵の掛かるロッカーすらないとなるとさすがに不安になってくる。

仕方なく、友人が先に湯を使う間、青柳さんは着替え所で荷物の番をした。

友人が風呂から上がった後は、交替して青柳さんの荷物の番を頼んだ。

泉質がどうのとか浴室の風情がどうのとか、そういうことはよくは分からなかったが、湯温はなかなかで身体の芯まで温まることができたのは幸いだった。

湯冷めしないうちに、と湯上がりの二人は部屋へ戻った。

押し入れから自分達で布団を引っ張り出すと、窓側に頭、出入り口側に足を向けて並べて敷いて、潜り込んだ。

一日遊び回ったことで、友人も疲れていたのだろう。一杯くらい引っかけて何か話でもするかと思っていたのだが、身体が温まったせいなのか、友人はすうすうと寝息を立て始めた。

青柳さんはというと、眠れなかった。

宿に着いた時間が遅かったとはいえ、日頃の生活サイクルからしたらそこまで遅い時間ではない。まだまだ宵の口くらいだ。しかし、なかなか眠気がこない。

寝返りを繰り返すと友人を起こしてしまいそうな気がして、火照る身体をそのままに目を閉じる。

そうしていてもなかなか眠気が訪れず、聴覚ばかりが鋭さを増した。

幹線道路から離れているせいか、日頃聞き慣れた夜道を走る車のエンジン音もない。

森のざわめきというのか、虫か鳥獣と思しき気配のようなものも聞こえない。

——と、部屋の入り口の襖が開く音が聞こえた。

かたり。

暗い室内が、スッと明るくなった。

廊下の常夜灯が室内に差し込んでいるのだろう。

「何ですか？」

青柳さんは友人に配慮して、入り口に声を掛けた。

この部屋は鍵がない。

何処も似たような造りだったたから、この宿全体がそういうものなのだろう。

とはいえ、宿泊客がいるのである。宿のスタッフだとしても、客室の戸を開けるなら、一声掛けるなり襖をノックするなり、何か断りがあってもよいのではないか。

ましてこちらは、若い女二人である。

物騒ではないか。

それとも、何か緊急の用事でもあるのか。

「何ですか？」

青柳さんは少し大きな声で再び問い返しながら、身体を起こした。

襖は全開になっていた。

しかし、人の気配はない。

悪戯だろうか。というか、悪戯をするような宿泊客が他にいただろうか。

宿のスタッフが悪戯などするだろうか。

友人は起きない。

青柳さんは布団から立ち上がって襖に手を掛けた。

念のため廊下に顔を出してみたが、やはり人の気配はない。

そっと襖を閉じた。

この後、布団に戻った後から暫《しばら》くの記憶がないから、眠ってしまったのだと思う。

さほど長くない時間眠り、魘《うな》されて目が覚めた。

何か厭な夢を見ていたと思うのだが、思い出せない。悪夢など、そんなものだ。

目覚めるとき、〈あっ〉とか〈ぎゃっ〉とか声を上げてしまったような気がするが、友人の眠りは深く、起きてはこなかった。

湯冷めを心配していたが、身体は寧ろびっしょりと寝汗を掻いていた。あの大浴場でもう一度風呂を浴びて汗を流したい気持ちもあったが、友人の見張りなしで一人で湯を浴びる自信はなかったので諦めた。

室内は僅かに緑色の光が差している。

ふと顔を上げると、再び入り口の襖が開いていた。

三十センチほど開いた隙間から漏れる光は、廊下の非常灯のものであるようだった。

自分が寝ている間に、友人がトイレに起きたのかもしれない。

きっと、たぶん、そう。

とはいえ、やはり不用心は気に掛かる。

閉めなければ。

起き上がって、入り口に近付く。

襖の取っ手に手を掛けたとき、廊下からの非常灯の明かりが遮られた。

いよいよ非常灯まで消えたのか、と顔を上げた。

そこに、顔があった。

黒い前髪が額に貼り付いていて、湯上がりといった風だった。

ただ、それは実に大きな顔だった。

頭頂から顎の先までの長さが、襖の縦寸と同じくらいあった。

開いた襖の隙間からは、顔は縦半分ほどしか見えなかった。

何かを咀嚼《そしゃく》しているようで、もぐもぐと忙しなく動いている。

その半分の顔で室内を、いや青柳さんの鼻先を凝視している。

本当に驚いたときというのは悲鳴など出ないものであるようで、青柳さんは〈ひゃぐっ、ひゃぐっ〉と息を呑み込みながら、仰《の》け反《ぞ》って布団の上に倒れ込んだ。

友人は起きない。

自分の掛け布団を巻き込みつつ、起きてこない友人の布団に潜り込む。

それでどうにかなる訳ではないのだが、もはやそれくらいしかできることがない。

あいつは――あの顔が室内に入ってくるのではないか。

布団を捲って覗き込んでくるのではないか。

キンキンと耳鳴りがうるさい。

身構えていても、顔は何らアクションを起こす気配がない。

〈スッ〉

〈ピシャッ〉

襖が閉じる音が聞こえた。

顔が出ていった音なのか、後ろ手に室内に上がり込んできた音なのか、判別が付かない。

それを確かめるために布団から顔を出すなど言語道断である。

こういうとき、失神してしまえたらどんなにか楽だろうか。眠りに逃げてしまえればどれほど楽だろうか。

友人は起きない。

そして青柳さんは、友人の背中にしがみつき、一睡もすることなく朝を迎えた。

「おはよー……って、あんた何してんの？」

友人が漸く目覚め、薄暗い山側の窓が明るくなっていることに気付くまで、生きた心地がしなかった。

「やっぱここ変だわ。出よ。早く出よ」

朝風呂をせがむ友人を急かし、身支度を済ませて早朝にチェックアウトした。

宿に何か一言文句でも言ってやろうかと思ったが、クレームで状況が変わるようなものであるような気もしなかった。安宿にケチを付ける面倒な客とも思われたくなかった。

友人は異変に一切全く気付かなかったそうで、寝落ちしてから朝まで完全に爆睡していたらしい。

ただ、友人なりに気になることはあったようだ。

「あの部屋さ、何かうるさくなかった？」

「うるさく、とは？」

「私が寝る間際かな。お風呂から上がって、布団入ってすぐよ。耳元で男の笑い声がしたんだよね。〈うはははは、わはははははは〉みたいな感じでさ。テレビでも点いてんのか、って思ったんだけど、あの部屋そんなのなかったしさ」

〈アンタにも異変、起きとるやないかい！〉

と、ツッコミかけた。

青柳さんは、寧ろ声のほうには全く心当たりがなかった。

「うるさいなーとは思ったけど眠かったし、まあそのまま寝ちゃったんだけど」

「……とまあ、そういうことがあって。温泉はねえ。選んだほうがいいねえ」

そういえば、顔っていうのはどんな顔だったのか。

「うーん、あれ。ああいう感じの人」

と、青柳さんは、たまたま通りがかった男を指さした。

その先に、〈でっぷり太った男〉がいた。
二、三十代くらいで雲脂《ふけ》だらけで伸び放題の長い髪。
目脂《めやに》と脂肌の疲れた顔をしている。

「……温泉とかでばったり出会いたくない、ああいう感じの顔だったねえ」

そこの車、止まりなさい

高知県の話。

その日、祖父江氏は高知市内から南西に向けて車を走らせていた。

日はとうに落ちていて、辺りは真っ暗だった。

山間《やまあい》の道は明かりもなく、本来なら飛ばして走りたい道ではなかったが、この日は酷く急ぎの用事があった。

ここは地元では知られた抜け道で、表通りの正道に比べても格段に交通量が少ない上に、目的地までは大分ショートカットになる。知る人ぞ知る、という裏道である。

祖父江氏にとって勝手知ったる地元の道という奴で、これまでにもピンチのたびに厄介になっている。

ただ、この道にはあまり芳《かんば》しくない噂もある。

出るだの何だの、そういう類の話だ。

経験上、「出る」と噂されるところに出かけていって、実際に「出た」という話はあまり多く聞かない。

これは、怪談を生業《なりわい》にする人々の共通見解だろうと思っている。

そして「そんな噂がある所」というのを聞きつけて、出てほしくてわざわざ足を運ぶ奇特な人々の多くも、概ね同じ感想を抱いているのではないだろうか。

誰彼が見た、誰彼が遭った、そんな噂を人伝《ひとづて》に聞くことは珍しくない。

だが、実際には何も起きない。ましてそれが、自分が日常的に繰り返し通っているところともなれば尚更だ。

もちろん、恐怖心が全くなかったのかと言えば、そうでもない。

前回も、その前も何もなかった。だから、たぶん次も何もないだろう。

——いや、あってほしくない。

そう願いながら道を走る。

暗い山道を走り、トンネルを抜け、再び山道を通る。

ひび割れだらけのアスファルトに砂利が浮いているような酷道《こくどう》を抜けて暫く行くと、漸く舗装された道路に出た。

たった二車線の道路ではあるが、一車線半しかない心許ない山道に比べれば安心感がまるで違う。

山肌に貼り付くように続く二車線道路の谷側には畑が広がっている。

その周囲には人家はなく、道路に沿ってぽつん、ぽつん、と道路灯が並んでいた。光量も十分とは言えず闇を照らすには些か侘しさがあったが、道路灯すらない酷道に比べれば頼もしさが格段に違う。

ああ、此度《こたび》も何事もなかった――と、祖父江氏は胸を撫で下ろす。

ふとルームミラーを覗くと、遥か後方の道路灯がフッと消えるところだった。

酷道と接続している、二車線道路の起点にあった一番最初の道路灯。

そこから、点々と続く道路灯。

それが、一つ消え、二つ消え。

三つ目、四つ目と一つずつ順に消えていく。

道路灯が消えた後、そこは闇に落ちてしまう。いや、闇によって道路灯が〈喰われている〉ようにも見える。

祖父江氏はアクセルを踏み込んだ。

車のスピードが上がっていく。

祖父江氏の車に追い縋《すが》るように、道路灯の消える速度も上がっていく。

道路灯を喰いながら、闇が逃げる車をも飲み込もうとしているかのようだった。

進行方向にはまだ点灯している道路灯がある。

アクセルを緩めれば、速度を落とせば、闇はたちまち車を追い越していくだろう。

消灯するスピードは一層速くなっていく。

アクセルはもう底に着くほどに踏み込んでいる。

ルームミラーにはもう、道路灯が見えない。

前方にはまだ道路灯があるところを見ると、消える速度と車の速度が釣り合っているのかもしれない。

二車線道路の終端が見えてきた。

そこから先はまた、道路灯のない酷道である。

消えゆく道路灯のない、ぽっかりと開いた暗い闇。

そしてこのとき、祖父江氏にはどういう訳だか、そこが「出口」のように思えたのだという。

あそこへ、逃げ込もう。

追い越される前に。

逸る気持ちをはね除け、道路灯を飲みながら追い縋る何かを振り切り、二車線道路を走りきった。

逃げ切れた――。

と、そのとき、車のヘッドライトが消えた。

「あっ」

上も下も分からない闇。

猛烈な衝撃が、車体を襲った。


もし、あのまま山肌にぶつかっていても、畑に落ちていても、ただでは済まなかっただろうが、幸い自走して山道を抜け出すことができる程度で済んだ。

件のトンネルには、幾つもの伝説がある。

トンネル工事に伴う岩盤崩落によって起きた事故で、多数の作業員が亡くなっている、という。その難航を窮《きわ》めた工事を完遂するため、人柱を壁に塗り込んだだの、塗り込まれたのは少女であるだの、眉に唾するものが多いのは確かだ。

しかしながら、「トンネルを通ると質《たち》の悪いことが起きる」という類例は実体験として多く知られているらしい。

この体験談をお預かりしたのは二十年も前のことになるのだが、件のトンネルと二車線道路が今どうなっているのかについて、続報を期待している。

黄泉ノ家 怖い話

そこに誰かがいるのだとして

筑紫さん御一家が引っ越す前に住んでいた家でのこと。
何ということもなく過ごしていた、ある日。
筑紫さんの母君が忙しく家の中を立ち歩いていたところ、
――プン。
と、匂った。
それはほんの一瞬のことだったが、ポマードの匂いと思われた。
が、その匂いはすぐに消えた。
何処から、と思って辺りを見回すが、匂いの元となりそうなものが見当たらない。
しかし確かに、中年男が髪に撫で付けていそうな、濃厚な匂いだった。
鼻をヒクヒクさせながら顔を動かすうち、
――プン。
と、再び匂った。
顔をほんの少しでも動かすと匂いは消える。

が、母君の顔の周囲、ほんの三十センチほどの空間でだけ、ポマードが匂った。

心当たりはまるでなかった。自分の手指、自分の顔なども嗅いでみるが、ポマード空間から顔を外すと、何処を嗅ごうが全く匂わない。

「ねえ、お父さん、ちょっと来て」

母君に呼ばれて、父君も立ち上がった。

「ほらここ」

「……ポマードだな。確かにする」

くんかくんかと虚空を嗅いで、父君も同じ感想を持った。

家中にポマードを撫で付ける習慣がある者はいないし、そもそもポマードなど置いていない。

だが、とにかく、その三十センチ四方の虚空でだけ、ポマードの匂いがするのだ。

中年の後頭部に鼻を近付けているようなポマードの匂いは暫くの間漂っていたが、そのうち消えてしまった。

用量を正しく守りましょう

『怪談は一度に何話までなら続けて読んでも大丈夫なのか？』

何ということのない問いで正解も特になさそうな気がするが、この問いに対する答えは怪談好きの間でも諸説ある。

例えば、一冊分を一気に読んでしまう人はいる。

怖いから一話ずつ、という人もいる。

短い話ならまとめて読んでもいいが、長い話や重い話は一度に一話だけ、というマイルールを定めている人もいる。

定番の決め事では、「一度に読んでいいのは九十九話まで」というのがある。これは、百物語の作法から派生したものだろう。

一晩にぶっ通しで語り続けて、百話目を語り終えた後に蝋燭《ろうそく》を吹き消すと、そこに幽霊が現れる——というもの。

そこから、「出てきてほしくないなら、祟られたり呪われたりしたくないなら、九十九話でやめておけ」という寸止めを促すルールが出てきたのではないか。

逆に、「どうしても幽霊を見てみたいから、百話ぴったりを一気に読みたい」という人もいるらしい。そういう人には、二〇二四年の年初に電子版のみ上梓した、拙書『ヒビカイ　366日の怪談　#2024』辺りを推しておきたい。百物語三回開催分強を一気読みできるので。

薬局勤めの宇田さんは、娯楽として読書を嗜《たしな》む人だ。
テレビのない自宅で過ごす休日の大半を、ページを繰って終わる筋金入りである。
ある日、いつものようにページを捲っていると、違和感を覚えた。
視界の端に黒いものがよぎる。
「む……」
ゴミでも入ったか、と咄嗟《とっさ》に目を擦る。
瞬いてみても変わらない。
目薬など試しているうちに、それは消えた。
また別の日、積んでいた本を消化していると、同じことが起きた。
ほんの一瞬なのだが、目の端を黒いものが横切る。

飛蚊症かな、と思った。

いよいよ不惑の歳となったことだし。母親が網膜剥離《はくり》を経験していることから、自身も目に若干の不安を抱える宇田さんは、定期検診を受けている眼科に相談した。

「特に異常は見当たりません」

眼科医の回答にホッと胸を撫で下ろす。


しかし、異常は絶えない。

それはいつも読書をしているときに限られる。

それ以外のタイミングでは起きない。

本を読んでいると、視界の隅に黒いものが過ぎる。

顔を上げると、物音。

そして、今し方まで誰かがそこにいたかのような気配。

ただそれだけなのだが、そこで読書が中断されてしまう。

と、このとき読んでいた本にこんなことが書かれていた。

『怖い話は楽しいものだが、一度に百話以上読んではいけない』

え。待って。

今、自分が読んでいるのは——怪談だ。

今日は、まとめて読もうと思って怪談本ばかりを。

積んであったのは、『恐怖箱』だったか、『怖い本』だったか。

そういえば、以前も視界の隅に異物が走ったときに読んでいたのは怪談だった。

近年の怪談本の収録話数、これは正直著者による。ボリュームのある長い話を集めたものなら二十話前後、掌編《しょうへん》を集めたものなら五十話くらい。百物語本なら当然、百話は入っている。

怪談本を読むときに、今自分が何話読んでいるかを数えながら読む、というようなことをする人は多くはあるまい。

まして、怪談好きなら「怪談本を読みながら、Ｙｏｕｔｕｂｅの怪談も聞く」という、ながら読みをしている人もいるだろう。

だから容易に百話を越えてくる。

宇田さんがそれぞれの時点で読んでいた話数も、およそ百話前後であった気がする。

宇田さんは眼科検診を欠かしておらず、その目は未だ至って健康である。

怪談好きであることはやめることのできない病のようなもので、今も怪談本を漁り続けている。

なるべく百話以内に収まるように進めているのだが、それでも興が乗ってしまったり、あと少しで読み終わる——と、つい欲が出たりすることはある。

そうすると、視界の端に黒いものが過ぎる。

そうなったら、「今日はもうここまで」と怪談摂取を終了とする。

『怪談は一度に何話までなら続けて読んでも大丈夫なのか？』

別に決まりも正解もないが、「そこで止めておけ」というシグナルに気付く日が来たら、それには従っておいたほうがよい。

入眠ルーチン

眠れないときの入眠ルーチンは、人それぞれだ。

寝る前に少し身体を動かしてからという人もいるし、温かいミルクを一杯という人もいる。他には映画や動画を見ながら、眠りに誘う音楽を聴きながら、特に多いのは酒の力を借りること、そして読書。

読んでいると夢中になって眠れなくなってしまうような名作はさておき、他愛ない話や軽い話、何度も繰り返し読んだ本などを入眠のお供にしている人は珍しくない。個人的には寝入り端《ばな》にそれはどうかとも思うのだが、怪談本をベッドサイドに常備している人はそれなりにいて、綾野さんもそのクチだった。

この夜は、少し長めの話を釣り込まれるように読んだ。

普段なら数ページずつの掌編を繰っているうちに寝落ちするのが常だったが、すぐに終わると思った最後の話が思いのほか大作で、気付けば大分遅い時間までその一作に囚われていたようだった。

恐らく、一度は意識を手放していた、のだと思う。

入眠ルーチンとしての読書は、その役を十分に果たしていた。

瞼は閉じている。しかし、意識は思いのほか浅くなっている。

閉じた瞼越しに、読書のために点けたベッドサイドの明かりが、まだ点きっぱなしになっているのであろうことが感じ取れる。

〈明かりを消さなければ〉

そういう気持ちと、

〈今、消したらあまり良くないような気がする〉

そんな気持ちが綯《な》い交《ま》ぜになっている。

寝室に人の気配がある。

自分と夫と、それ以外の誰か。

いや、ダメだろう。それ以外の誰かがいちゃあ。

隣からは夫の寝息が聞こえている。

だから、このもう一つの濃密な何かは、夫ではない。

それは、じわりじわりと近付いてきている。

息が掛かるほど、体温を感じるほどの近さ。

綾野さんの鼻先まで、もう幾許《いくばく》もない。
近すぎる。
そして、振り払おうにも身体が動かない。
ああ、これはもう。
そういう、ことか。
経験として分かってはいる。こういうときに、拙速に目を開いてはいけない。
どうせ、そこにはろくなものがいないからだ。
曖昧な気配だけなら、寝ぼけたのだと自分に言い聞かせることができる。
だが、見てしまうのはダメだ。何より自分に言い訳ができなくなる。
確かめたくなる誘惑をねじ伏せて、一層瞼に力を込める。
綾野さんの思いと裏腹に、不躾《ぶしつけ》な何かは彼女の口許近くまで迫ってきていた。
これ以上はいけない。
何をされるということはなかろうが、人妻としての貞操に関わる。
だから、思い切って声を上げた。
〈こらーっ！〉
そう叫んだつもりだったのだが、漏れ出た声は、

「へあー」

という気の抜けたものだった。

腹に力を込めて声を張り上げたはずが、捻り出されたのは呻き声にも届かない、気の抜けた寝言のようなもの。

こんな寝言程度の呻き声に夫が反応するはずもなく、〈へあっ〉という叫びは不発に終わった。

と、その口を閉じたときだった。

何か、歯応えがあった。

気付かぬうちに口の中に何かをねじ込まれた、そんな感触。

叫んで口を閉じたとき、それが潜り込んでいたようだ。

豆腐ほどには柔らかくなく、肉やこんにゃくほどには硬くない。

喩えるなら、ゼリーか緩めのグミ。

ぶよぶよとして柔らかく、抵抗感がないが、歯応えはある。

咄嗟のことだったので、何が何だか分からず噛み千切ってしまった。

その途端、身体を戒める力が融け落ちるように消えた。

寝室から、気配は消えていた。

翌朝、目覚めると口の中にあの歯応えが残っていた。
実体は何もないのだが、ゼリー状の何かを噛み千切ったあの感覚がはっきりとある。
歯磨きは念入りにした。

入眠前に読んでいた本について訊ねると、何と拙作『「極」怖い話 災時記』だと御回答いただけた。最後の話は、「続・山下邸」と思われる。
我ながらヤバい話だと思っていたが、どうやら特典付き入眠効果があるらしい。

それは何回までOK？

彼女は、どういう訳だか運のいい人間だった。

「別に、怖い話って訳じゃないんです。ただ、あたしって運がいいなー、って。それだけのことなんですけど」

お子さんをあやしていて、好きな果物の話になった。

リンゴ、バナナ、ミカン、スイカ……。

思いつくものを挙げ連ねていったとき、ふと、「マンゴー」と口を衝いて出た。

娘も目を輝かせて復唱した。

「マンゴー！」

「食べたいねえ、マンゴー」

いつぞや、お中元か何かで貰ったことがある。完熟のマンゴーは、甘露としか言い様のないうまさで、それを前にしたらあらゆる果物は霞んでしまうように思われた。

と、そこに彼女の父から電話が入ってきた。

「もしもし？」

『ああ、父さんだ。マンゴーをたくさん買ったんだが、母さんと二人じゃ食べ切れないから、今からそっちに持っていくよ』

何たる偶然、何たる幸運。

母子は顔を見合わせて喜んだ。

これは、単なる偶然で、たまたま運が良かった、という話だ。

だが、彼女の人生では割とよくあることであるらしい。

ちょっといい腕時計を欲しいなあ、と思ったことがあった。

安い時計じゃなく、お洒落したときに合いそうな奴。

このときも、父だった。

「何か時計拾ったんだ。女物だと思うんだが」

そう言って差し出してきたのは、アニエスｂの腕時計だった。

「これ、高い奴じゃない？　なくして困ってる人いるんじゃ」

貰えないよ、と困惑した。

仕事中のこと。オフィスで年度末の書類を片付けているとき、ふと、

〈ドーナツ食べたーい！〉

と思った。オールドファッション。ポンデリング。そういえば、ぼちぼち新作が出ている頃だと思う。

帰りに買って帰ろうか。

と、心の内に荒ぶるドーナツ欲を抑え込もうと戦っていると、得意先から上司が帰ってきた。

「お疲れさん。ドーナツ買ってきたから、皆で食べて」

驚いた。

留守番の社員に差し入れなど、気の利いたことができる上司ではない。こんなことは初めてであったが、丁度良かったのでありがたくいただいた。

「大した話じゃないんです。欲しいな、と思ったときに、たまたま誰かが見つけたり手に入れたりして、私に譲ってくれる、と。どれも偶然だと思います」

アウトドアの趣味にちょっと凝り始めたことがあった。

キャンプギアというのは魅力的だが、お値段もそれなりにする。

体験で乗せてもらったカヌーは凄く良かったので、自分でも欲しくなった。

どういう訳だか、カヌーが手に入った。

家の家電がくたびれてきたので、そろそろいいのに買い換えようか、と思った。

新品のホーローのキッチンセットとガスオーブン、三点セットで五万円でどうだ、という話が舞い込んでくる。タダでいただくには気の引ける代物だったので、二つ返事で譲ってもらったのだが、後で「そんな値段で買える代物じゃない」と聞いた。

雑誌だかスマホだかを眺めていたときに、〈音楽プレイヤーの新しいのそろそろ欲しいなあ〉と、うっかり物欲が鎌首を擡《もた》げた。

たちまち、二万円相当の音楽プレイヤーを拾った。

そろそろ夏掛けを出さなくちゃ、と思ったら実家の前の路上でタオルケットを拾った。

梅酒を漬ける瓶を用意しなくちゃ、と思ったら路上の段ボールに「貰って下さい」と書かれた瓶が置かれていた。

アジャスター、空気入れ、そういう細かい雑貨の類はまだいいとして、好きなアーティストのライブチケット最前列の真ん中席だとか、大人気バンドのライブチケットステージから二列目であるとか、そのうち、数十万円入りの分厚い財布まで拾った。

現金や高額すぎて怖くなるものは交番に届け出たものの、落とし主が現れそうにないものはそのままありがたく頂戴した。

とはいえ。

何というか、だんだんのべつ幕なしになっていった。


「一番古い記憶だと、小学五年生のときですかね。何を欲しがったのかはもう覚えてないんですけど、何か欲しくてたまらない、〈凄くいいもの〉だったように記憶しています」

ただ、ごくごく自然に「欲しいな」「あると嬉しいな」「ないかな」と思ったときに、それらは〈偶然〉手に入るのだ、という。

それは、あっち系の人々の仕業なんでしょうか？　と問うと。

「うーん。自宅の部屋の中を、何かの足が歩き回っていたのを目撃したことはあります。あー、あとはアレかな。何処の子かは分からないんですが、知らない子供が私の隣で寝ていてびっくりしたりとか」

もう何か起きてますよそれ。

ただ、それらから何かの代価・対価を求められたことは一度もない。

もちろん、彼女は下心丸出しで誰かに「それを持ってきて」と命じた記憶もない。

「だからこれは、欲しいものがあったとき、たまたま偶然運良く手に入ったよ、というありふれたつまらない話ではあるんです」

だが――。

「こういうの詳しくはないんですが、偶然というのは何回までが偶然なんでしょうね。それとも、いつか対価を求められたりするのかしら」

目下、彼女は無事であるという。

気まずくなるような高すぎるもの、足が付きそうなものが来ないようにとは思うのだが、世に物欲の種は尽きまじ。下心なく無意識に望んでしまうことは避けようがない。

ごく自然に物欲が湧いて出ると、幾日も幾許《いくばく》も間を空けず、それが偶然手元に現れるという生活は今も続いているようだ。

もうちょっと加減というか

背後霊とか守護霊とかいうものがある。

怪談好きには今更だろうが、生きている人間の〈背後〉にいる、とされるもの。

これは、「地縛霊と遭遇した」「浮遊霊に憑依された」といったものとは異なり、〈何かいいもの〉であるかのような印象がある。

実際、見える人との会話の中で、よく指摘もされる。

「背後にいらっしゃる方」

「御先祖様」

「縁は分からないんですが、守って下さっています」

等々。

これまで、そうしたのが分かる方々にお話を伺う折、「加藤さんは多めに連れてらっしゃいますよね」というような指摘をいただいたことが何度か、いや、何度となくあった。

「ええと、背後に五、六人くらい」

「十人……には届かないくらい」

「中央にお一人強い方がいらして」

「中央の方は入れ替わるようです」

「守って下さっていると思います」

人数、言い方、言い淀みはあるにせよ概ねこんな具合で、いずれの方からも「守られている」という説明を受けた。恩恵があるのかどうかは僕には分かりかねるが、ありがたいものがいるというつもりで、肝臓の許す限り御神酒《おみき》を欠かさないよう努めている。

こんな具合だから、〈背後霊は何かよいもの〉という期待は、何となく分かる。


「背後霊を信じてましたよ」

こういう人は割といて、御多分に漏れず木戸さんもそんな具合だった。

「そりゃもう。子供の頃からですよ。自分には見えてないけど、何かありがたいものが自分の背後にいるはずだ、ってね」

とりあえず、どうにかコンタクトを取ろうと試みた。

子供心に具体的な方法などは思い至らなかったが、背後霊は自分の背後にいるのだろうから、語りかければ声が届くのでは。

しかし、見えないのだからこちらの声も届かないかもしれない。

それなら、心の中で語りかければいいのでは。

そう考えて、彼女は自分の心の中で背後霊に声を掛け続けた。

〈こんにちは！〉

〈お元気ですか！〉

〈あなたは誰ですか！〉

〈私の知っている人ですか！〉

彼女なりに熱心に語りかけていたようだが、背後霊からのリアクションは全くなく、傍目には「黙っているときは、何かぼんやりしている子」にしか見えていなかったかもしれない。

では、背後霊からは一切ノーリアクションだったのか、と言うと。

「いや、一度だけそれっぽいのあったんで」


その日も彼女は熱心に語りかけていた。

挨拶ではなく、何かもっと具体的な要望を伝えてみようと思ったのだ。

何度も挨拶をされても困るだろうし、背後霊は言葉を喋れないのかもしれない。

それに、いつも背後にいるなら今更挨拶も不要かも。

何かと都合のいい解釈ではあるのだが、木戸さんは色々考え倦《あぐ》ねた末、こんなことを頼んでみた。

〈新しい自転車を下さい！〉

お下がりの古い自転車は型遅れだった。

友達が買ってもらったという、ピンクの可愛い自転車が羨《うらや》ましかった。

だから、自分も新しい自転車が欲しい。

〈自転車！　新しい自転車！〉

それは背後霊ではなく、御両親に求め訴える案件ではなかろうかと思ったのだが、背後霊に願えば、不思議な背後霊パワーで願いが叶うのではないか、と小学生女子は考えた。

もはや、サンタさんやら神様やらまで混じった謎の信仰に変化しつつあるような気がするが、子供心に信心を強くしていた木戸さんは、それを背後霊に対して真剣に願った。

〈いいことありますように！　新しい自転車欲しい！〉

結論から言うと、新しい自転車は手に入った。

背後霊さん、随分頑張った。

背後霊に強く念押しした後、木戸さんは乗り慣れた古い自転車で家を出た。

友達と遊ぶ約束をしている公園に向かう途中、交差点で出会い頭に軽自動車と衝突。生まれて初めて宙を舞った。

幸い、命に別状はなかったが、彼女の古い自転車は軽自動車の車体の下に巻き込まれてめちゃくちゃに潰れていた。

木戸さん自身は吹っ飛ばされてアスファルトに叩きつけられ、左腕を骨折した。

軽自動車の運転手は、血の気を失って木戸さんを救護し、木戸さんの親御さんにも繰り返し頭を下げた。

保険が利いたのだろうが、もちろん治療費は相手持ち、自転車も新品に弁償された。

自転車の損壊具合と彼女の飛距離を考えれば、寧ろ、骨折だけで済んだのは幸運の部類に入るとは思う。

尤も、折れた左腕が完治するまで新品の可愛い自転車に乗ることはできなかった。

ともあれ背後霊に願った通り、自転車は新しくなった。

しかし、さすがにそれはただの偶然では？　と首を傾げると、木戸さんはこの話には続きがある、と言う。

「続きっていうか、前っていうか。事故に遭う直前、家を出る寸前かな。自転車くれ、自転車くれって背後霊に願った後に、家の電話が鳴ってさ」

　コールが続く固定電話を取る。

「はい、もしもし」

『……っ、……っ』

　受話器の向こうで誰かが喋っている。

　だが、随分と小声で、聞き取れない。

　電話に番号表示機能などないものがまだまだ多い時代だったから、発信元は分からない。

「どなたですか？」「誰？」

　繰り返し訊ねるのだが、それには返答がない。

　悪戯電話か、間違い電話だろう。

　そう諦めて電話を切ろうとした一瞬、一言だけ聞こえた。

『……イイコト……』

　それは、留守番電話サービスの機械音声のような、感情も抑揚もない平板な声だった。

　だが、はっきりと日本語でそう呟くと、聞き返す間もなく通話は切れた。

　その後すぐ、家を出た木戸さんは車に跳ねられて宙を舞った。

「お願いは叶ってるんだよね。背後霊にお願いして、自転車は新しくなったしさ。ただ、古い自転車を引き換えにってのはまあいいとしても、腕一本折るっていうの痛い代償だったなあ、って」

そんな訳で、彼女は今も背後霊を信じている。

「今も子供の頃と同じ背後霊がいるのかどうかは分からないんだけどさ。たぶんいるよ。いるけど……まあ、迂闊なお願いはするもんじゃないな、って思った」

だって、何を代償に求められるか分かったもんじゃないからだ。

物事の加減というものが背後霊にはうまく伝わらないので。

コックリさんレポート

怪談を探している——という自己紹介をしたとき、最も多く聞くことができるジャンルは、金縛り、心霊スポット、そしてコックリさんではないか、と思う。

実のところ、コックリさんはある意味で「謎が解けた怪異」の筆頭であるような気はしている。

日本に入り込んできた歴史的由来もある程度分かっていて、元は明治期にアメリカから渡来したテーブル・ターニングではないか、とされている。

御一新で蒙《もう》が啓《ひら》かれたはずが、合理の国・アメリカからスピリチュアルな遊戯が紛れ込んでくるというのも何かと興味深い。

そして、繰り返し何度も行われ、特に子供達の間でまことしやかに口伝が続いてきたことなどもあるのだろうが、準備や手続きなどについてもそれなりに整理が進んで、その手順や作法のようなものもテンプレート化している。

それをオカルト雑誌や占い雑誌が紹介したり、同級生の誰かが簡略化して遊び仲間の間に持ち込んできたりもする。

●コックリ様といふ遊戯

明治十九年の末頃から翌二十年の秋頃まで、東京でコックリ様といふのが流行し、殆ど各家毎でやつて居た、後には他の地方にも傳はつて、夜間村の若者共が寄集れば、此コックリ様をやつて遊ぶ事にして居た、其式は簡短なもので三本の竹を交叉的に括つて、其上に盥又は大盆を伏せ、三人以上の者が集つて其臺の上に輕く手を載せ、指と指とを相接觸せしめて、吉凶とか有無とかを占ふのである

其方法は、例へば「何某が來るか來ないかを、コックリ様知らせて下さい、來るのならば左の方の足を持上げて下さい」と一人が云ふ、それが上れば來るとし、上らなければ來ないとするのである、又コックリ様は甚句踊りをお好きなりとて、三味線を弾いて三本足を調子に合せて踊らせる事も行はれた

此コックリ様とは狐や狗や狸の仕業であらうとして「狐狗狸」と書く事にして居たが、實は明治十八年に米國の帆前船が伊豆の下田に寄港中、邦人に傳へた遊戯である、原語スピリチユアリズムを忘れたので、右や左へコクリと傾くからコクリ様と呼んだのが起原であると云ひ、又益田某といふ人が明治十六年に米國から歸朝して傳へた事て、「告理」といつたのがホントウだとの兩説がある、いづれにしても、米國から傳はつた「テーブル、トルニング」といふ遊戯であつて、人身電氣の作用だとの説もあつたが、當時發行した『狐狗狸怪談』には、「(一)三本の足の装置が動搖し易く出來て居ること、(二)動物の常性に因て手の動搖を傳へ習慣性の規則に隨つて回轉を助くること、(三)心性の自動作用と刺戟に應じて起る無意識作用なり」と説明してある

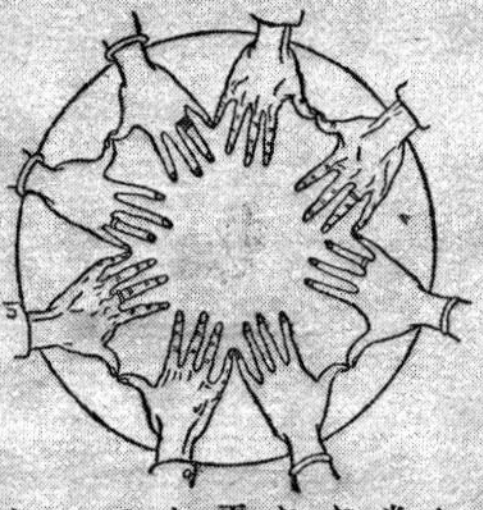

※出典『奇態流行史 全』（宮武外骨）より

だから、今も連綿とそれは続けられている。

一度や二度で懲りてしまう人が多い中、高校生の荒尾さんはエキスパートと言っても過言ではないほどに、コックリさんをやり込んでいた。

ここ三日ほどの間、連日続けている。

場所はと言えば、放課後、学校の教室で。

特に部活動などもしていない帰宅部仲間の友人と、教室の机を二つ向かい合わせに並べてそれをする。

五十音の文字、数字、鳥居などを書いたコピー用紙を広げて唱える。

「コックリさん、コックリさん、おいで下さい」

置かれた十円玉がスゥッと動く。

誰かが動かしているのかもしれない。

が、硬貨に指を置いた全員が「おっ」という顔をして、〈動かしているのは誰だ〉と視線を向けてくる。もちろん、自分も動かしてなどいないから、「その場にいる参加者以外の誰かの仕業」と納得することができた。

この日のコックリさんは、何やら時代がかった言葉遣いだった。

ゴザルとか、ソウロウとか、ソコモトとか、セッシャとか。

コックリさんとは基本、筆談に準じる形でしか対話できない。声が聞こえる訳ではないが、言葉遣い、言葉選びから、コックリさんの個性のようなものを見分けることができる、こともある。

この日のコックリさんは〈昔の時代の男性〉〈何処か荘厳な感じの方〉と思われた。ひとくさり他愛のない、しかし女子高生にとっては割と重要な質疑が交わされた後、下校を促す校内放送が聞こえてきて、今日はそろそろお帰りいただこうか、ということに相成った。

「あ、これどうしよう」

この日、荒尾さんは初めて十円玉を使った。

コックリさんと言えば十円玉と紙は鉄板の組み合わせのように思うが、これまで荒尾さん達は紙は使うものの十円玉は使わず別の適当なもので済ませていたらしい。

ついで、と思ってまだ帰していないコックリさんに聞いてみた。

「この十円玉と紙はどう処理すればよいですか?」

コックリさんは暫しの沈黙の後、紙の上を滑って答えた。

『ほりゅうにそうろう。かみはうめよ』

保留。ああ、使うとか焼くとかじゃないんだな。

コックリさんの指示通り、紙は折りたたんで花壇の一角などにねじ込んで埋めた。

十円玉のほうも、指示通り自宅に持ち帰った。

が、その晩、荒尾さんの部屋に若干の支障が起きた。

真夜中、部屋に置かれた人形入りのガラスケースが、ガタガタと揺れる。

地震、強風のいずれもなく、人通りや車通りで揺れた訳でもない。

ただ、ガタガタ、ガタガタ、ガタガタ、と、まるで不平か不満を漏らすかのように揺れるのである。

保留にしろとは言われたが、そのまま持っているのが何か厭だったので、十円玉は翌日にはコンビニの買い物に使ってしまった。


コックリさん絡みで厭な経験をしたら、懲りてやめてしまい、もう二度としない。というのが定番なのだが、荒尾さんは特段懲りなかった。

次の日の放課後も、前日と同じようにコックリさんを始めた。

名を問うと、「ゆかり」と答える。

どうやら女性のようなので、興味本位で年齢も訊ねたところ、「九〇四歳」。

九〇四年前生まれなのか、当人はまだ死んでいないつもりなのかが分からない。

しかし、長く成仏していないなら強い力を持った神使《しんし》か何かかもしれないではないか、と考え、続けて問う。

「何処の神社のコックリさんですか？」

『ゆりにさる』

は？

『さまほもろに』

は？

要領を得ないというより、でたらめにしか動かない。

低級霊だろうか、と思ったが、女子高生にとって重要な話題を問うと、

『みゃくがある』

『よい』

『むすばれる』

と、妙に具体的な回答が戻ってくる。

困惑して顔を上げるが、同級生もやはり困惑している様子が見て取れた。

「あの、私に乗り移って下さい」

十円玉は動かない。

「できないんですか？」

『はい』

終始こんな調子で、ゆかり（九〇四歳）はやる気のないコックリさんだった。

〈使えねえ！〉と口を衝いて出そうになるのを堪えて、お帰りいただいた。


そしてまた次の日もコックリさんをした。

今度は若いのが来た。

二十歳の男性であるという。荒尾さん達とは年齢的にも近い。ならば、今の話題を振っても通じるのではないか。

幾つかの、女子高生にとって特に重要な問題について問うた。

「この子が将来一緒になる男性の名前について教えて下さい」

相当ピンポイントな質問だったが、コックリさんは滞りなく即答した。

『それは』

ただ、この日はコックリさんの紙に濁点「゛」を書き入れるのを忘れてしまったため、濁点を含む言葉になると困っている様子だった。

その様子に微笑ましさというか、親近感を覚えた。

そこで、自分達にとって重要なこと以外に、何かコックリさん自身についても訊ねたくなった。

「コックリさん、コックリさん、あなたはいつもは何処にいるんですか？」

十円玉は暫しの間を置いて動いた。

『きのした』

学校の校庭のか、道すがらの街路樹か、はたまた誰かの家の庭木の下かは分からない。が、気のいい好青年が、木陰にぼんやり佇んでいるような、そんな気がした。


荒尾さんはコックリさんを続けている。

女子高生にとって重要な問題が尽きることはなく、彼女らはコックリさんのアドバイスを必要とし続けているからだ。

「明日もするつもりです。この先、よからぬことが起きさえしなければ、続けます」

その後、荒尾さんからの〈よからぬことが起きた〉という続報は今に至るまでないままなので、恐らく今も連日コックリさんを続けているのではないか、と思われる。

寝言シャウト

夢というのは人それぞれである。

フルカラーの夢もあれば、どういう訳だかセピアカラーに塗り込められた古いアルバムの中のような夢もある。

匂いや温度を感じられるほど生々しいものもあれば、何らかの台詞、何らかの声、何らかの音楽をそれとはっきり聞き取れるような夢もある。

明確なストーリーがある夢、何世代、何時代も続く壮大な叙事詩を追体験するような夢から、眠る前に接点があった人々、強く意識に刷り込まれた情景を、そのまま引き継いで見せられるようなものまである。

とはいえ夢は夢であるので、僕は普段はあまり夢の話、夢で見た話は扱わないのだが、これは些か風変わりな話だった。


こんな夢を見た。

彼は実家のリビングで、うとうとしていた。

黄泉ノ家 怖い話

うららかな春の日、ぼんやりと温まっているうちに意識を手放してしまったのだろう。昼寝など滅多にしないはずが、この日はどういう訳か微睡《まどろ》みに簡単に落ちてしまったのだという。

夢の中で、彼は歌を歌っていた。

大好きなバンドの大好きな曲である。

あまり新しい曲ではないが、名曲と言っていいと思う。

夢の中でフルコーラスをシャウトする。

バンドが奏でる大音響のバックミュージックの中、それに負けないよう絞り出すように叫ぶ。

普段、カラオケも行かないような人間だが、音楽が嫌いな訳ではない。

よく聞くバンドだってある。

ああ、たまらん。いい。

何というか、とてつもなく気持ちが良かった。

歌に救われているような、そんな心地になった。

フルコーラスを歌いきって、そこで目が覚めた。

いつからそこにいたのか、リビングでは彼の妹が目を見開いている。

「……何？」

瞼を擦りつつ身体を起こすと、妹は言った。

「お兄ちゃん、夢の中で歌ってなかった？」

「あー？　……ああ、歌ってたな」

「ハノイの曲？」

夢で見た出来事は目覚めると記憶に残らないというが、このときは非常にはっきり残っていた。

「うん。ハノイ・ロックス。すっごい気持ちよかった」

「あー、だよね。寝言で歌ってたよ」

寝言で当てられるとは、どれだけはっきりした寝言シャウトだったのか、とばつが悪くなって頭を掻いた。

妹は、リビングを見渡し、首を捻った。

「今、お兄ちゃん一人しかいないんだよね？」

「お前のお兄ちゃんは俺一人だが？」

「いや、お兄ちゃんの友達とか、そういうのは」

妙なことを言う。

「いないよ」

「お兄ちゃんさあ、二人で歌ってなかった？」

散り散りになりそうな夢の記憶をたぐり寄せて思い出す。

「そういえば……ステージの上に立っててさ、マイケル・モンローと歌ってたなあ。こう、一本のスタンドマイクを二人でさあ」

「いや、そうでなく」

妹によると、彼の歌声は二人分あった。

リードを取っているのは確かに彼だったらしい。寝言はリードを歌っていた、と。

しかし、それとは別にもう一人分、別の歌声が聞こえてきたのだ、とも。

「何か、ステレオみたいだったよ。寝言って、一人で二人分歌えるとかないよね？」

しかも、彼は彼で何処からともなく聞こえてくるシャウトに対して、絶妙なタイミングでコーラスを入れていたらしい。

——クラップ、そしてシャウト。

イエイ。S◯ck。F◯ck。イエア。

彼ががなっていた曲は、「マリブ・ビーチの誘惑《Malibu Beach Nightmare》」。

ハノイ・ロックス三枚目のスタジオアルバム『バック・トゥ・ミステリー・シティ』（一九八三）に収録された、古《いにしえ》のフィンランドのパンクロックバンドの名曲である。

ハノイ・ロックスはマリブ・ビーチの誘惑を含むアルバムをリリースした翌年にドラムのラズルを不慮の交通事故で失い、一九八四年に一度目の解散。

彼がシャウトした頃には、既にこの世にはいなかった。

あの夢にセッションしてきたのが、何処のどちらさんであるのかは不明である。

ブランコは揺れるものである

申し開きのできない心霊現象は、概ねろくな結末に繋がらない。そういうものを体験した人は、誰かにそれを伝える術を持つ以前に亡くなってしまったりする。

我々が伝聞できたり記録に残せている話は、幸運にも逃げ延びた人によってもたらされたものだ。しかし、伝えた直後に連絡が途絶えてしまうケースも多々あるから、本当に幸運に逃げ果《おお》せているのかどうかまでは分からない。

怪談著者は、そうした人々のその後ができる限り安らかであることを祈るしかないのだが、知らされていた連絡先が不通になってしまっているときなど、やはり心がざわつく。

一方で、我々がそうと気付かないだけで、奇異な現象というのはある。

それが、科学的な何らかの理由で説明が付くような場合、「つまり、あれは〈そういうものではない〉のだ」と安心できるし、それ以上を深く考えない。

正常性バイアスというのか、「気のせいであってほしい」「説明できる程度のことであってほしい」「そうであるはずだ」という期待がそうさせるのか、我々は日常生活で違和感を覚えてもあまりそれを掘り下げない。

＊

早朝、彼女は町内をジョギングしていた。
毎朝走り慣れた日課のコースを行くと、公園がある。
公園にはブランコが設置されている。
並んだ座板の一つが、小さく揺れている。
否。
揺れ始めた。
少しずつ加速して、誰かが漕いでいるかのように揺れが大きくなる。
周囲に人影はなく、風はない。
並んだもう一つの座板はぴくりともしない。
一方の座板だけが、大きく、大きく、揺れている。
彼女は立ち止まり、後ずさり、そして逃げ帰った。
早朝のジョギングは今後も続けるつもりだが、明日からコースは変える。

＊

この公園、元は城趾だと聞く。

お知らせ下さった方からはかなり詳細にブランコの所在地についての説明もあったが、行動力のある人が現地を訪ねてしまうのはまずいのでここでは伏すこととする。

史蹟の多くは我々にとって「とうの昔のこと」「今の自分と無関係なこと」と切り離しがちではあるが、城趾など「確実に多数の死者が出た場所であることが、歴史的に裏付けられているところ」でもある。

そんな場所を憩いの地に転用することに、我々は違和感を覚えなかったりする。

そうではないのだと気付くことができれば、これまで見えなかった世界が見えてくることもあるかもしれない。

それは見落とすほど些細な違和かもしれない。

書く話と掻く話

これまでにもしばしば御紹介の機会があった〈神様憑き〉の坂口さんと筑紫さんの近況は、今も時々流れてくる。

昨年、『「弔」怖い話 六文銭の店』を上梓した後当たりからの話になるが、お二人はそれぞれ神様に仕える支度というのか、神様になる支度というのか、ともあれ現世にあるうちにすべき修練のようなものを、各々の神様から課されていた。

「私が現世で死んだ後は神様に仕えるので、神様から名前を授かるようです。自分の所有物であることを知らしめるために名前を付けておく、と」

「ほほう。筑紫さん〈器〉になるんですか」

「感覚的には、冷蔵庫のプリンに〈私の〉と名前を書くような感じ」

「プリン」

この名前を記すためには独特の文字があるのだそうで、器になる者はそれを覚えて神様と文通できるようにならなければならないらしい。

坂口さんはお札やら祭神札やらのようなものを認《したた》める練習をされている、という。

「前世の私達はこれを覚えるのが厭で逃げ回ってたらしいです。今ならその気持ちが分かります」

実際にどのようなものを書かされ……いや、修練されているのかというものを見せていただいた。

「……よ、読めぬ」

半紙に墨書されたそれは習字の練習書きのようにも見える。

が、これまでに元々そうした素養があって書道を専門に修めてきた訳ではないから、筆致もよく言えば初々しく、まあ隠し立てせずに言うならまだまだ辿々《たどたど》しい。

ミミズののたくった、というのは文字を褒めるための表現ではないのだが、うまく書けても「とても躍動的にミミズがのたくっている」ようにしか見えないので、褒めの言葉が見当たらず苦労した。

ともあれ、こういうものは繰り返し反復練習するしかない訳で、小学生以来となるような書き取り練習をされているらしい。

「まずは自分の名前を書けるようにならないと」

「ああ、差出人名が分からないと受け取る側が困りますもんね」

実際にどのようなお名前を頂戴したのかとか、今、神様と文通できるようになるために書いている文字についてもお写真いただいたのだが、これは明かしてはいけないものらしいので、うっかり漏らしてしまうことのないよう紙面には載せないものとする。

*

——というような話をして一週間ほどが過ぎた、お盆前のこと。

「神様から返事来ました！」

ある朝目覚めた坂口さんは、「何か来てる」と勘付いた。

筑紫さんは、寝起きに慌てる相方をして、また何か心霊の類の騒動かと身構えた。

「そうでなくて」

坂口さんの布団を捲ってみると、そこには縷縷《るる》と綴《つづ》られた達筆で、彼女の名前が墨書された半紙が挟まっていた。

「これ、敷いて寝たの？」

「敷いて寝てたらもっとぐしゃぐしゃになってる」

坂口さんの初々しい筆致とは似ても似つかぬ美筆である。

弔 黄泉ノ家 怖い話

「ああ、これ……」

よくよく見ると、文字が違っている。

つまり、坂口さんが書いて覚えようとしていた文字が間違っていたようで、これは神様からの〈自分の名前、間違ってるよ〉という朱書きのようなものであるらしい。

「教えた名前、ちゃんと書けるようになりなさいよ、という」

「手本を見てちゃんと覚えろ、という」

「面倒な手続きを踏んで、具現化したんでしょうねえ。この半紙」

＊

坂口さんから、僕も人形とお札と護符のようなものを拝受した。

「ちょっと面倒事があったので、私達の知り合いに飛び火してはいけないので」

「あ、ではありがたく」

護符はいつもいる場所に、人形とお札は持ち歩くほうがよいと聞いたので、護符は仕事部屋に、人形とお札は普段使いしているバッグの中に潜ませた。

怪談を生業にしている人は数珠なり石なりお守りなり、何かと願を掛けたものを持ち歩く人も珍しくないのだが、僕はといえば日頃の御神酒と年末年始の二社詣りを除けば、取り立てて願を掛けるようなこともしていない。まして、持ち歩くものの類は、大昔、樋口明雄先生からの勧めで安倍晴明神社のお守りをいただいたとき以来である気がする。

「まあこれは、念のためって奴です。すぐにどうこうってことはないんですが」

と言って、見せていただいて護符は、真っ二つに裂けていた。

「うわ」

「もし、こんなふうになっちゃったときは、すぐに言って下さい」


それから暫くの間、気になるとお札と護符の様子を確かめたりしていたが、特に何の変化もないのであまり気にしなくなった。

お守り、護符の類は、「何もないとき」は何も起こらない。

何かあったときは、明確な変化が起きる——ことがある。

先の樋口先生からいただいた安倍晴明神社のお守りは、勁文社で『「超」怖い話』を書いていた頃の話である。樋口先生、平山夢明先生、僕の三人がそれぞれ一つずつ同じお守り袋を持った。

執筆、編集期間中ずっとそれを持って過ごし、校了後だったかに樋口さんにお返しするとき僕のお守り袋は真っ平らのままだったが、平山先生がお持ちになっていたお守り袋は、パンパンに膨れ上がっていた。中に風船でも詰め込んでいるのか、それともぬいぐるみに詰める綿でも入れたのか、という具合で、お守り袋の横幅と厚みが同じくらいの円筒形になっていた、と記憶している。

樋口先生はそれを急ぎ安倍晴明神社に返しに行った、と後に聞いた。

あの頃は、お祓い（御祈祷《ごきとう》）に行ったり、何かと神頼み仏頼りをしていたこともあったが、お守り袋はこの一件から後、持つことはなかった。

事故など九死に一生を得た直後、お守りが消えた、というような体験談を伺って書いたこともある。そうしたことから、お守りに何か起きるということは、「お守りがダメージを喰らう程度の何かが起きた後」という認識を持つに至った。

*

二〇二三年の秋口頃、筑紫さんから連絡があった。

「お渡しした護符などに異常などはないでしょうか？」

拝受して最初のうちは事ある毎にチェックしていたが、そういえば最近は久しくお札や

した。
護符を確認していなかった。

いや、これは不敬不敬。

「確認してみます！」

護符は、固定しておいた場所から外れてラックの裏側に落ちていた。ので、慌てて救出した。

カバンに詰め込んでおいた人形とお札のほうは、端のほうが少し曲がっているくらいで大事なかった。いずれも破れたり喪失したりということは起きていないようだ。

今のところ何も起きていないということは、こちらの護符はまだスタンバイ状態なのだろう。

「んー、それくらいなら大丈夫そうですね」

「何かあったんですか？」

「こんなことになっています」

写真が送られてきた。

「これは……」

呪詛。

弩ストレートな文言が、素肌の上に赤黒い金釘文字で浮き上がっている。

肌に金釘か針か錐《きり》か、でなければ獣の爪のような鋭い何かで傷を付けて彫り込まれた傷文字で、〈呪詛〉と書かれてある。

坂口さんの御御足《おみあし》であるという。

「訳が分からないんだけど右の太股の外側が痛くて。ただ、それ私からは見えない場所なんですよ」

それで筑紫さんに確認してもらった。

場所的には、外側の裏寄りに傷が浮かび上がっていた。

そこに、〈呪詛〉とあった——と。

「ナニコレ」

「うわ、ナニコレ」

筑紫さんがスマホで撮った写真画像を拝見した。

妙齢の女性の素肌であるのでこれも公開する訳にはいかないのだが、御御足の傷文字とは別に肩甲骨の真下辺りから脊椎にまたがるように無数の直線の傷が縦横に走っている。

その数、大小合わせて二十六箇所。

右腿の〈呪詛〉と同じ筆致、いや同じ方法で付けられた傷である。

これは、剃刀《かみそり》のような鋭い刃物で付けられた傷ではない。

僕が知るもので最も近いのが、飼い猫の爪で付けられた猫傷である。

「あの、そちらに同居のお猫様とかはいらっしゃいましたっけ？」

「ペット不可物件です」

「これ、傷は見える範囲のみですか？　あの、例えば下着の下とかには」

「いえ、写真の通りです」

つまり、露出部のみに何らかの〈攻撃〉があった、と。

仮に獣の傷だとして、犬の爪ならこうはならない。大昔、実家に柴がいたが犬は爪を削って歩くので、その爪は意外に丸い。細い傷を作れるような爪ではない。

人の爪でも無理だろう。人の爪というのは幅が広い。もし人の爪で文字を書こうとしたら幅広く抉《えぐ》れるだろう。

猫の爪は幅が狭い。そして、削れて丸くなってくると、何かに引っかけて根元から抜け、真新しい鋭い爪が現れる。だから、獣の爪だとするなら猫の爪が一番近いと思った。

「でもたぶん、猫ではないと思うんですよ。猫だったら、同時に複数の爪痕が平行して付くと思うので」

もちろん、一本だけ傷痕が付くことはあるから絶対ではない。

が、見たところ坂口さんの背中の傷は掻き毟《むし》られている、と言っていいほどに激しく傷つけられているのにも拘らず、同時に付けられた平行傷が一つもない。

色々な方向に、乱雑に付けられているのである。

そして、右腿の〈呪詛〉もそうだが、背中の傷も坂口さん自身の手は届かない。

寝ぼけての自傷ではあり得ない。

「さっき下着の下を確認したら、一つだけ長い傷がありました」

「それ……は拝見させていただく訳にはいかないのでアレですが、そうだとすると衣服とか関係なしに来たんですかね。あと、傷の方向が複数あるんですが、背中の向かって左下と右下は脊椎のくぼみで途切れてるだけで、同時にできた傷っぽく見えますね」

「この日、私には珍しく長ズボンだったんですよね……」

ということは、そもそも肌の露出そのものがなかった訳か。

「背中側の傷は二日に分けて付けられたんです。一日目は下半分、二日目が上半分」

「ああ、それで下の傷のほうは塞がりかけというか、瘡蓋《かさぶた》の色が違うんですね」

改めてお写真を拝見した。

平行な爪痕はないが、近い力加減で引かれた、ややテーパーの掛かった何組かの傷が複数箇所あることに気付いた。

猫の爪なら、傷痕は平行に付く。猫の爪はその足先に固定されていて、猫の足の指はごく短いからだ。

だが、「長い指」で傷を付けたとしたらどうだ。

例えば人差し指と中指、人差し指と親指でもいい。

指を伸ばして爪を立て、掻き毟るように引っ掻いたとする。

伸ばした爪を握るように力を込めると、それはV字に近い逆テーパーが掛かった傷になるのではないか。掻ききるとき、指の根元近くになるほどそれは窄《すぼ》まって、傷の入り口は広く、出口は狭くなるのでは。

そうなるためには猫の短い指では無理だ。

人のように長い指でなければ。

人の爪では難しい。ならば、猿か。

「もし、足とか後ろ足で踏んだ傷なら、踏ん張りが利いた深い傷になると思うんですよ。だから、少なくとも下肢の爪ではない。そこそこ長い指を持つ〈何か〉の前足か、前肢か前腕で、背中を抱きすくめるとしたら、こんな傷が付くのでは？」

「怖ァ」

「人間なら突出して長いのは中指と薬指ですが、手で何かに触ろうとしたなら人差し指と中指でしょうかね」

「私、坂口さんの隣で寝てるんですけど！　同じベッドで一緒に寝てるんですけど！」

「怖ァ」

以上を踏まえて色々検討してみた結果、こうなった。
・傷は自力で付けられない箇所にある。
・同居する他人の仕業ではない。
・居室内で動物を飼ってはいない。
・寝ている最中に衣服の下に付けられている。
これが揺るぎないとするなら、

〈長い指を持つ何かが、前足／前腕の人差し指・中指の爪で触れた〉

ということになる。

お二人に何か心当たりはあるようなないようなといった具合であったが、そちらについては確たるものはなく類推に類推を重ねたものにしかならないので、もう少し情報が出揃うまでは語らずにおくことにする。

「もしかしたら、護りを強化したほうがよさそうです。それで加藤さんにお渡しした護符なんですが」

「ああ、あれ。お預かりしているお札と護符も一度お持ちしたほうがいいですか？」

「できればお願いします」

このとき、筑紫さん、坂口さんの用事と僕の校了の都合もあって詳しい日程を決められないまま約束は流れてしまい、実はお預かりした護符とお札と人形は、未だ僕の手元にある。

＊

僕の体調はというと、今のところ大きな病気は避けられている。と、思う。

コロナウイルス感染症も未感染でやり過ごせているし。

これもお札と護符の加護のおかげか、と思わないではない。

ただ、このところ血便がずっと続いているので、もしかして、これはちょっと……何かこう、ヤバいことが起きているんじゃないのか、と思わなくもない。

うじょうじょとゆさゆさ

元々出不精気味ではあったのだが、コロナ禍の最中はめっきり外出が減った。

出かけようにも馴染みの店は軒並み深夜営業をやめていて、不夜城と謳われた夜の東京が、店じまいの早い地方の駅前のように静まりかえっていたのは、誰しも記憶に新しい。

足繁く通っていた店が、また深夜までの営業を再開していると聞いて再訪した。

店長とは近所の路上や深夜営業のスーパーでは頻々《ひんぴん》と顔を合わす割に、店に顔を出すのは久しぶりだ。

「あっ、ハジメさん御無沙汰」

「町内ではよく会うのにねぇ」

平日だからか客足は落ちついていて、カウンター席に先客がいるばかりだった。

見ない顔だったが、寧ろ僕のほうが足が遠のいていた久々の客である。

あちらも一人、こちらも一人。暇を持て余す酔客に店長が何かと話題を振ってくる。

「そういえば、高屋町さんも久々じゃなかったですか」

「あー、ちょっと入院してってさ」

「へー、それで」

高屋町氏はちょっとした偉丈夫であったが、この町ではよく見かける「部屋着のままやってきた」ような身軽な格好で寛《くつろ》いでいた。

何のかんのと盛り上がるうち、訊ねられた。

「それで、お仕事は何をされてる人なの？」

店長がすかさず、僕を紹介してくれた。

「高屋町さん、この人はね、怖い話を書いてるんですよ」

「へー。怖い話っていうと貞子とか、そっちのほう？」

「いえ、稲川さんとか、そっちのほう」

酒の席で見知らぬ誰かに自己紹介をして、そこから警戒を抱かれないように話を紐解いていく。

この三十年の間に自己紹介が大分楽になった。昔は、こうした飛び込み取材では、「作り話の創作ホラー」と「テレビで見た話」と「体験から聞き取った怪異体験」の違いを説明するところから始めなければならなかったからだ。

今日では稲川淳二さんを引き合いに出せば、こちらが何者で何を意図しているのかについて、「ああ！」と分かってもらえて以後の意思疎通が格段に楽になる。こと取材に関して、稲川御大の恩恵は本当に大きい。

そして、酒場で一見客と話すという怪談の集め方は、僕が怪談を書き始めた三十年くらい前から大して変わっていない。

知り合いの紹介、伝手《つて》集めの延縄《はえなわ》漁、オフ会で定置網漁、ｗｅｂで投稿を待つ仕掛け罠などなど、怪談の取材は〈漁〉に似ていると思うのだが、こうして酒席の一期一会で話を聞くのは、防波堤で糸を垂れる太公望にも似て思える。

針に獲物が掛かればよし、掛からなくとも浮子《うき》を眺めて、当たりを待つもよし。

校了明けで酒も入っていたので、そんな五目釣りのような気持ちでいつものように両手をだらりと突き出して、「主にオバケの話を集めています」と戯《おど》けた。

大抵は、「何か怖い話してよ」と言われてこちらが何らかの手持ちを語ることになるのだが、ごくたまに告解のように語り始める人がいることがある。

今まで一度も他人に語らずに来て、棺桶まで持っていくくらいのつもりでいた記憶を呼び起こし、胸の内から吐き出すように語り始める。

およそ意外な人が、そうした〈秘密〉を隠していて、親しい人々が逆に驚くという場面をこれまでにも何度か見てきた。

怪談を生業にしている――という珍しい職業の人間を目の前にすると、その決意はどうも緩むものらしくて、「俺はもういいよ。だから、今ここであんたにこの話を引き継ぎたいのだが」という具合に話を託されることがある。

「御家庭で、心の内で持て余して困ってる、そういう話を引き取る廃品回収屋みたいなもんです」

「なるほどね。俺もあるよ。そういうの」

＊

改めて——高屋町氏は東京生まれ東京育ち、実家は店の割と近所でこの町内が地元というチャキチャキの〈近所の人〉である。

東京というと「地方出身者がひしめき合う首都」という印象を持たれる方も多かろうが、高屋町氏のように「東京という地方都市に親や祖父母の代からずっと住んでる」という人々のほうが実際のところ多数派なのではないか、と思うことはある。

遊び仲間も飲み仲間も、子供の頃から付き合いのある幼馴染みや同級生、先輩後輩だったりもするくらいに地元との繋がりが濃密であることは、東京人でも珍しいことではない。

そんな高屋町氏は、当人曰く「どういうことのない普通の子」として育った。

子供の頃に特別な体験があった、能力に目覚めたということもなく、そのまま普通に学校を出て、普通に社会人となった。

社会に出てまだ日も浅い二十代の頃、つまり大人になってから、それは始まった。

「別にこれは怖い話ってんじゃないんだけど」

視界の隅に違和を感じることがある。

真正面を見ているときは特にどうということはない。

ちょっと視線を外したとき、視界の隅に〈何かうじょうじょしたもの〉が過ぎることがあった。

今の何だ？　と思って、そちらを見ても何もない。

視線を外しているときに、可視限界ぎりぎりのところで〈うじょうじょ〉が微かな自己主張をしている。

よくいう〈人の気配〉のようなものとは違う。

気配の正体というのは、息遣いであったり、衣擦《きぬず》れだったり、そういうものであろう。

何かがそこに存在していて、生きているからこそ〈気配〉が生まれる。

だがそれは、そうした〈人の気配〉が全く感じられない。

死角にだけ棲む〈何か〉の類。その〈何か〉がまるで見当が付かないので、〈うじょうじょ〉を別の何かに喩えるのは難しいらしい。

人型なのか、動物なのか、話を聞いていても、そうした形状情報も殆ど汲み取れない。

それが、長年住み慣れた自分の家の中に潜んでいるような、そんな微かな違和感がある。

高屋町氏と弟、両親、それ以外の誰かが家の中にいることはないし、動物でもない。それ以外の存在が室内に居座っていたこともない。

だから、これは気のせいだろうと思った。

でなければ、角膜に傷でも付いたか、目にゴミが入ったか。

そんな程度の話だ。

ただ、「自分の実家なのに腰の据わりが悪い」という何とも説明を付けづらい落ち着かなさを感じていた。


ある日のこと。

地元の遊び仲間と集まる機会があった。

家も近いし学校も同じ。今も地元が便利だからそのまま住んでいる。

進学でバラバラになる地方在住者とは違って、山手線の駅から私鉄で二、三駅くらいの住宅地住まいとなると、そんな具合で大人になっても付き合いが途絶えない。

進学だ、就職だと都度都度に理由を付けては集まって、その折々の近況を伝え合う。

「最近どうよ」

というほど疎遠になっている訳ではないが、見かけない奴の噂話について消息を知っているそうな輩がいれば、つい何となく水を向けてしまう。

社会人になってからやたらと化粧が濃くなった美江と、居酒屋のテーブルを囲んでそんな話をしていた。

あいつは最近どうで、あっちはその後どうで――。

そんな他愛ない話で盛り上がる美江なのだが、高屋町氏は何度となく自分の瞼を擦っていた。

彼女の輪郭線が霞んで見える。

疲れ目かな、とばかりに、おしぼりで顔を拭ってみる。

改めて美江に視線を向けるが、特にどうということはない。テーブルに目を落とす寸前、視界の端に違和感を覚えた。

美江の身体の輪郭が、妙に暗いのだ。

靄《もや》のようなもの。

否、店内に靄なんかあるか。

じゃあ、黒煙。

否、火の出るメニューは頼んでいない。半地下の店内で火遊びもないだろう。

似ているものがあるとするなら、実家でたまに見かけるあの〈うじょうじょしたもの〉、だろうか。

美江はほどよく酔っているようで、高屋町氏が睨《ね》める様子に気付かない。

「ちょっとションベン」

高屋町氏はそう言って立ち上がり、照明がある側に立った。

改めて見ると、テーブルの周囲は十分に明るい。

だが、彼女の背後だけがぽっかりと暗い。

何というのか、そこにだけ闇がある。

視点を変えても、その事実に変わりはない。

——何だよアレ。

美江に教えるべきか、と悩んだ。

悩んだが、どう言えばいいのか。

〈お前、何か背後に闇を背負ってんだけど〉

いやいや、これでは酔っ払いが絡んでいるようにしか聞こえない。

深刻に言うべきか。だが、「背後が暗い」「うじょうじょしている」など、どう言えば真面目な話であることが伝わるのか。本人に心当たりや自覚がなかったらどうするのか。何とも切り出しにくい。

杯は重ねていたものの、ちっとも酔いが回ってこなかった。

美江は嬌声《きょうせい》を上げながら隣のテーブルに移っていった。

闇は背負ったままだった。

「高屋町先輩」

弟の同級生の晴明が、美江の背を目で追う高屋町氏に声を掛けてきた。

「先輩、見てました?」

「いや、別に見てねえよ」

あまりにもじろじろ見ていたものだから、美江の尻を狙ってるとでも思われたのかもしれない。高屋町氏は慌てて否定した。

しかし、晴明は「そうじゃなくて」と首を振った。

「見えましたよね?」

びくり、とした。

「いや、そうじゃないです。そうじゃなくて、僕も見えてました。美江先輩のアレ」

目の錯覚か、照明の加減かと思い悩んでいた高屋町氏は、後輩の申し出に飛びついた。

「それよ。何かほら、煤《すす》みたいな、そこだけ光が差さないみたいな、そういうのが見えてびっくりしちゃったんだけど」

お前にも見えたんなら、目の錯覚じゃなかったんだな。

きっと、照明の加減のほうか。

そういう回答を期待していた。

「やっぱ、見えてたじゃないすか。アレ、オバケとかそういう類の奴です」

「えっ、オバッ」

一番欲しくない回答が来てしまった。

「いやお前、オバケって……そういうの見えるとか見えないとか、お前、今までそんなこと一言も言わなかったじゃん」

「え、だって、いきなりオバケ見えるとか言い出したら、頭おかしい奴みたいじゃないすか。どんなふうに見えるとか見えないとか、自分にしか見えてないものを説明するのめんどいし、言っても茶化されるかドン引きされちゃうでしょ」

だから、ずっと黙っていたのだという。

弟の同級生ということで晴明ともそこそこ長い付き合いがある。

そいつにこんな一面があるなど、想像もしたことがなかった。

「でも、美江先輩のアレは高屋町先輩も見えてるなー、と思って。だから、答え合わせしたくなったんすよ」

見えてるなら同志、同志ならドン引かれない。

まして高屋町先輩ならいいか、と相成っての突然の告白であったらしい。

「ただ、先輩もこういうのあんまり言って歩かないほうがいっすよ。見えない奴に説明したって分かってもらえないし、頭《アタ》おかし《オカ》いって思われるのがオチだし」

打ち明けるなら相手を選べ、と。


その晩のこと。

深夜の地震で目が覚めた。

「今の、結構大きかったな」

スマホを見たが、特に地震警報のようなものは出なかったようだ。

テレビを点けてみたが、テロップも速報も特にない。

こう、ユサユサユサって結構大きく揺れたのに。

道路沿いの家だと、表通りをトラックが走るだけで家全体が震動するようなことがあるが、ここは住宅地である。夜半にトラックが走るルートでもない。

「寝ぼけたんかなあ」

気を取り直して横になる。

毛布を被って幾らもしないうちに、再び地震。

ユサッ。ユサユサユサユサユサユサユサッ。

高屋町氏の横たわるベッドが、激しく揺れている。

〈やっべ、やっぱ地震だった！〉

と、部屋の天井を見上げる。

常夜灯をぼんやり点す、天井から吊り下げられたペンダントライトは微動だにしない。

そこから伸びた電灯の紐も、カーテンも、地震のときに真っ先に揺れる吊り物の類は、どれひとつとして微塵《みじん》も揺れていない。

揺れているのは自分のベッドだけだ。

そんな地震、ある？

そう意識すると、ベッドの揺れは収まった。

スマホをチェックし、テレビをもう一度点ける。

やはり、地震は起きていない。

この日を境に、何かが変わった。
というより、遠慮がなくなった。
相変わらず〈うじょうじょ〉は視界の隅に見え隠れしていた。
そして、高屋町氏のベッドは頻繁に揺らされるようになった。
ユサユサユサ……。
深い眠りに就いていても、これに起こされる。
眠い目を擦って身体を起こせば、途端に揺れは収まる。
諦めて横になると、再び揺らされる。
起こすために揺らしているのか、或いは寝かせないために揺らしているのか。
このままでは、いずれ本当に地震が起きたときには逃げ遅れそうだ。
そうなる以前に寝不足で倒れるかもしれない。
連日、あまりにもしつこく揺らされる陰湿さに、高屋町氏はさすがに辟易《へきえき》していた。
その晩、何度目かの「揺らして起こす」現象にさすがに腹が立ってきた。
ユサユサユサユサ、ユサユサユサユサユサ。
「クッソが！　寝かせろよ！」

そう叫んで跳ね起きた。
すると――。
ベッドの脇に女がいた。
母ではない。
見慣れない、というより、絶対に家族ではない不審な女だった。
古めかしい着物を着ている。
三つ指を突いて、正座している。
そして、いるべきではない場所にいた。
ベッドと概ね同じ高さにそいつはいた。
床から数十センチほどの宙空に浮かんでいたのだった。
女は顔を伏せていて、その表情は闇に沈んだように昏く、見えない。
見えないのだが、あいつ嗤《わら》っていやがった。そんな気がした。
高屋町氏は、異常に耐えかねて息を呑んだ。
ごくりと呑み込むその一瞬、女は闇に蕩《とろ》け落ちるように消えた。
〈向こうの奴ら〉は、遠慮をもう止めたらしい。

翌日、晴明を呼び出した。

「とにかく来てくれ。仕事終わりでいいから。訳は後で話す」

晴明は、文字通りすっ飛んできた。出先から原付きを飛ばしてきてくれたらしい。

昨晩の件を相談すべく、話を切り出そうとしたら、機先を制された。

「高屋町先輩んとこ、女が出ませんでしたか」

「出たわ」

「そいつ、先輩の部屋に居座ってるでしょ」

「居座ってるかどうか分からんけど」

そういえば、〈うじょうじょ〉がいたな、と思った。

「ああ、そいつにめっちゃベッド揺すられてましたね。安眠妨害だ」

「いや、お前」

何で、全部分かるんだよ。

俺まだ何も言ってないよ。弟にだってこのことは言ってないのによ。

とは思った。

見えるというのは、ここまで見えるものなのか。〈うじょうじょ〉か何かが見えたというレベルの自分と晴明では、色々段違いであるように思う。

そして、そこまで格が違うこの後輩なら、どうにかできるのではないかと期待した。

「どうにかなんねえのか。これ」

「そういうのは分かんないっす」

「どうにもなんねえか」

淡い期待は打ち砕かれた。

「先輩、俺、要するにオバケが見える人間です。先輩もたぶんそう」

「おう」

「でも、見えるっていうのと、それをどうにかできるっていうのは、たぶん違うと思うんすよ。俺は見えるだけっす。分かるだけ、見えるだけ。見えてるオバケをどうにかできる力とか、別にないっす」

閲覧権があるのと、編集権があるのは違うだろう――と、そういう喩えだろうか。

「そうか。無理か」

「無理っす」

相談してくれたのに力になれなくて申し訳ないっす……と晴明は項垂《うなだ》れた。

「ああ、でも。先輩は少し身体に気を遣ったほうがいいっすよ」

「ああ？　別に身体は何処も悪くねえよ」

「今は無事でも！　ね？　そのうち何かあるかもしれないじゃないですか。ほら、足とか。心臓とか」

「それ、今する話かあ？」

「いや、まあ俺そういうのくらいしか分からないんで」

通り一遍な健康の心配、というのとは若干ニュアンスが違っているような気がしたが、晴明はしきりにそんなことを気にする。

目下の「自分の部屋に女が出た」という悩みは解決していないし、そして何か晴明はそわそわしている。

この後に用事でもあるのか、それとも、そんな気味の悪い家には長居したくないのか、そこは分からなかった。

じゃあ、まあそういうことで、と晴明は立ち上がる。

「先輩、お元気で」

また来週にでも飲みに行く約束をしていたはずだが、何だこの挨拶。

その夜、珍しくベッドが揺れなかった。

いつぶりだろうか。

うとうとしかけていたところ、弟が飛び込んできた。

「兄貴、事故だって！」

「はあ？」

「晴明だよ晴明。事故ったって、今、連絡来た！」

弟は慌ただしく着替え始めた。

「病院何処だ」

「板橋の大学病院だって。俺、行ってくるわ」

だって、ついさっきだぞ。

ついさっき、ウチへ来て、ダべって、お元気でって。

高屋町氏は混乱した。

あいつ、原付きで来てた。事故ったってことは、それだろう。

ウチからの帰りか？　いや、結構時間経ってないか。

どっか寄ったのか。

いや、でも、しかし。

正解が分からないまま、臆測ばかりが止めどなくぐるぐる巡る。

ベッドは揺れず、室内に〈うじょうじょ〉も見えない。

安堵すべきことが、何より不安を駆り立てた。

さほど時を置かず、出先の弟から連絡が入る。

『ダメだった。死んだ』


事の次第が全て明らかになるのには幾分かの時間が掛かった。

ごく身近な知り合いのことであっても、深夜に病院に駆けつけた弟のような友人であっても同じで、それが身内ですらない高屋町氏の許にまで伝わってくるのには、更に幾らかの時間が掛かった。

それでも当人の葬儀までに子細が分かっただけ、幾らかマシだった。

晴明は単独事故で転倒した。

スピードを出し過ぎていた訳ではない。

対向車がいた訳でもない。

煽り運転に巻き込まれた訳でもない。

整備不良という訳でもない。

飛び出してきた子供や猫を避けた訳でも、鉄板を踏んだ訳でもない。

〈何もないところで、いきなり転んだ〉

これは晴明の後ろを走っていた後続車のドライバーの証言だ。

本当に、何もないごく普通の路上で見えない何かに衝突したみたいに転んだのだ、と。

一部始終を見ていた後続車のドライブレコーダーに、映像が残っていた。

晴明は何もないところで突然吹き飛んで転倒しており、ドライバーの証言は裏付けられた。

ドライバーは、突然転倒した晴明の救護も行った。

フルフェイスのヘルメットを被っていたし、見たところ骨折も打撲もない。出血は見当たらず、擦過傷一つなかった。

すぐに救急車を呼んだものの、少なくとも意識がないことを除けばさしたる大怪我には見えなかった。

だが、救急車の到着を待つうちに晴明の呼吸は止まった。

そして晴明は病院へ運ばれ、そこで死亡が確認された。

「お前、他人の健康の心配してる場合じゃねえじゃんよ。どうにもできないけど、見えるだけは見えるとか言ってたくせに。それ、見えなかったのかよ。自分のすぐ先のこと見えなかったのかよ……」

＊

三杯目に頼んだサワーが運ばれてきたところで、高屋町氏が店のトイレから戻ってきた。

少し右足を引いている。

「足、悪くされてるんですか」

「あー、これ？　うん、足首痛くて調子悪いんだわ。まあ幾らかはマシになったとは思うんで、それでちょっと退院してきたところ」

「退院してすぐ居酒屋《うち》くるとかアリなんですか？　この御時世ありがたいけど」

「退院祝いよ？　まあ、一時帰宅みたいなもんだけど。いやあ、こういうのはさ。飲めるときに飲まないと色々後悔しそうじゃん？」

一時退院で酒が飲めるなら、それほど深刻ではないのだろう。

なので、怪我でもしたのかな、くらいのつもりで訊ねた。

「高屋町さん、何処か悪いんですか？　足？」

「ン。心臓が、ちょっとね」

ああ。

さっきの話、まだ続いてるんですね。

後輩さんの言ってた、アレ。

僕は三杯目を早々に干して、高屋町氏より先に店を出た。
「お元気で」なんて言われたら、寝覚めが悪いかな、と思って。

姉ちゃんと弟妹達のこと

子供時代を思い起こしてみてほしい。

多くの子供達が、それぞれの子供時代を過ごす。

特別、何ということのないごく普通のありふれた子供時代を過ごせた者は幸いである。

ただ、「ごく普通のありふれた」が、必ずしも「他の子供達と同様の普通」「普通の幸せ」であるとは限らない。

*

諒子さんは長良川の畔《ほとり》に生まれ、川とともに育った。

両親と同じ家に暮らし、両親にとって最初の子供として生を受けた。

ただ、彼女は一人で過ごす時間が長い子供だった。

仲のいい友達がいなかった訳ではないが、子供達と一緒に何かを、何処かへ、という過ごし方をした記憶が殆どない。

それこそ、小学校に上がる前から一人遊びに時間を費やしていた。

取り立てて何かに打ち込んでいた、ということではない。

友達が仮にいたとて、その友達と話題を共有できそうになかった。

子供の喜びそうなおもちゃ、漫画、テレビ番組といった娯楽を、家で享受することはほぼなかった。だから、近い年頃の子供達が目を輝かせるような流行の話題には付いていけなかったし、羨ましいとも思わなかった。

それは、彼女が元々持っていないものだったからだ。

だから、概ね彼女は一人の時間を川で過ごした。

家で水着に着替え、バスタオルを羽織ってサンダルをつっかけて道を走る。

家の者に見つからないように抜け出し、近所の顔見知りに出くわさないように急ぐ。

川岸の堤防を上がり、狭い割に車通りの多い道路を渡ると、そこはもう川辺だ。

清流と名高い長良川の川岸は広く、運ばれてきたゴツゴツとした石が転がっている。

水は澄んでいて川底は浅く、流れは緩やか。

まだこの頃は泳げなかったが、水に浸かるだけでも気持ちが良かった。

サンダルとバスタオルを川岸に置き、胸ほどの深さのところまで行っては川面に浮かび、流れに身を委ねる。

するすると運ばれていくのが心地よく、楽しい。

あまり流されすぎないところで岸に上がるのがコツで、そこから身体を温めながらサンダルを置いた場所まで戻り、再び同じように川に身を委ねて流れる。

潜ってみたり、見ず知らずの子と遊んだりもする。

手頃な石を並べて川岸に小さなプールを作ると、そこに溜まった流れない水が夏の日差しで温まって、ぬるい湯のようになる。

そこに身体を浸して暖を取り、そしてまた冷たい川の流れに身を任せて流れて遊ぶ。

夏の日は、日がな一日そんなことをしていた。

今思えば、未就学児童が一人でそれを日々繰り返していて、水の事故が起きなかったことは幸運なのか、それとも。


小学校に上がってから、夏休みを過ごす場所は学校のプールになった。

同級生と過ごしたかったから、ということではない。

家に居場所がなかった。

これは物心付いた頃には既にそうで、諒子はあまり家にいたいと思ったことはなかった。

家にいれば、親の目に付いてしまう。

親の目に付けば、生きていることを詰《なじ》られ、生まれてきたことを罵られる。

殴られ、或いは怒鳴られる。

その存在を、実の両親から否定される。

気付いたときには既にそうだったから、彼女にとってはそれは当たり前のことだった。

当たり前だからといって、辛くない訳ではない。

同級生から聞く家族の有り様というものが、自分が知るそれとはかけ離れていることには、薄々気付いてはいた。

しかし、それを両親に訴え出るような迂闊なことはしない。

両親に肯定されたことなど生まれてこの方記憶にない。

かといって、衣食住までは取り上げられない。逃げ出す当てなどなく、そもそも逃げるという考えも浮かばなかった。家というのは、帰る場所だ。逃げる場所ではない。

それでも、家に居場所がなかった。

だから、家族の目に付かない場所を自然と探していたし、できるだけ家にいない口実を欲してもいた。

プールのない日は、従前と同じく川に通った。

幼い娘がたった一人で出かけていき、一人で川遊びをして過ごしている。

それは、異常なことであるはずだ。

このことを、両親が気付いていたかどうかは分からない。娘に全く関心がないようだったので知らなかったのかもしれないし、或いは「川で溺れて死んでくれないものか」と心秘かに願っていて、見て見ぬ振りを続けていたのかも分からない。

だからなのか、川通いについて咎《とが》められたことは一度としてなかった。

何処へ行っていたのか、誰と過ごしていたのか、そんなことすら気に掛けられたことは記憶にない。

諒子は長女であった。

物心付いた頃から、長く兄弟姉妹はなかった。

あの、自分の存在を許さない家の中に同志はなく、子供は自分一人だけだった。不機嫌な大人の獰猛《どうもう》な悪意を、ただ一人で受け止め、受け流し、耐えることが日常になっていた。

彼女が小学三年生になったとき、妹が生まれた。

双子であった。

美月《みつき》、五月《さつき》と名付けられた。

九歳も歳の離れた双子の妹を、諒子は嬉しく思った。

双子の妹は幼いうちくらいは愛されるはずだ、とそう思った。

しかし、両親は双子に対する興味を瞬く間に失った。諒子にそうしたときと同じように、衣食住の面倒こそ見るものの、言葉も分からぬ赤ん坊に対し、日々呪詛が増えていく。

「産むんじゃなかった」

存在を否定する誹謗罵倒《ひぼうばとう》は色々あったと思う。

が、幼い子供にもその意図がはっきりと分かる重い呪いはこれで、母親は特にこれを噛んで含めて刻みつけるかのように繰り返したし、母親は言葉を換えてもこの意味に連なることしか言わなかった。

自分で生んだ癖に。何故。

双子の妹達が物心付く頃までには、家の空気は従前の状態に戻っていた。

ギスギスした大人は、苛立ちを子供達に投げつけてくる。嘲《あざけ》りの言葉を投げつけ、時に手近にあった何かを投げつけてくる。

双子は姉共々、大人に見つからないよう、目を付けられないよう、家の中で存在感を持たないように過ごすことを身に着けた。

つまり、家にいないのが一番よかった。

それから二年ほど過ぎた。

小学五年生の夏休みに、諒子は夢を見た。

いつものように長良川で一人遊びをしている。

バスタオルにサンダルをつっかけ、川辺へ。

もう泳げるようにはなっていたけれど、川での時間の過ごし方は変わらない。それは夢の中でも同じだった。

夢の中の長良川は、諒子の知るそれよりもずっと深かった。

大きく息を吸って川底に潜っていくと、水面がずっと遠くに離れていくほどに深かった。

川底に、何か黒いものが沈んでいる。

それは男の子である。

黒い靄のような不確かな状態であったのに、それが男の子であると分かる。

この男の子を助けなければならない。

この川底から引き上げなければならない。

手を伸ばすが、男の子の身体を掴めない。ぬるり、ぬるりと滑る。

喩えるなら、男の子の身体は蛙の卵を包むそれのようなぬめりに覆われているのだ。

掴んでも掴んでも、その手から滑り落ちてしまう。

助け切れないことに焦りを感じるうち、自分も意識を失ってしまう。
夢は続く。
次に諒子と男の子は川の浅瀬にいた。
よかった、溺れてはいなかったのだ、と安堵した。
男の子は、背の高い男性の肩に座っていた。
肩車、という奴だ。
よその家でよその子がよその親にそうされているのを見たことはある。
だが、諒子が自分の両親にそのようにされた記憶はついぞない。
逆光なのか日差しは眩しく、表情はよく分からない。
その光景は何とも眩しくて、そして少し羨ましかった。
自分には望めないから。自分の家族には望めないから。
夢の中でまで、そんなことが分かりすぎるほど分かってしまう。
男の子が振り返り、言った。
〈だれも、ぼくのこと、きがつかないと、おもってた〉
意外な一言だった。

助けてくれてありがとう、とか、お姉ちゃん誰、とか、そんな言葉ではなく、全く想定外の――。

そこで目が覚めた。
夢というのは、曖昧でよく分からず、脈絡のないものだ。
だから夢なのだ。
辺りはまだ暗かった。ラジオ体操が始まるのよりも、ずっと早い。
夜を追い出して夏の早い朝を始める、その支度が調いだしたかどうか、というくらい。
夢など、目を覚ませばすぐに忘れてしまうものだ。
ただ、やたら鮮明な夢だった。
と、思った瞬間。
背骨を抜き取られるような悪寒が走る。
〈夢ではないぞ〉
と知らされてくる。
そうだ、これは夢ではない。
これはメッセージだ。

誰宛のメッセージなのかは図りかねた。

誰に伝えるべきか、誰かに相談すべきかを考え倦ねた。

それでも、実母にこんな話をするのは厭だった。取り合ってもらえないだろうし、自分への嫌悪が弥増《いやま》すばかりであることは、往々にして予想ができた。

そこで、祖母を頼った。

最初、祖母は諒子の話を話半分に聞いていたようだった。

だが、「川」「流されていた子供」「男児」というキーワードが出揃うにつれ、その表情は豹変していった。

目をカッと見開き、顎が落ちんばかりに口を開き、驚きのあまり言葉を失い、酸欠の金魚の如く、ただぱくぱくと喘ぐ。

視線を泳がせ狼狽《うろた》える様には、明らかな後ろめたさを読み取ることができた。

口籠《ご》もり、何事か躊躇《ためら》っていた祖母は、どうやら腹を決めたようだった。

諒子には、九歳も歳の離れた双子の妹、美月・五月がいる。

だが、祖母によれば、諒子と双子の間にも〈子〉がいたのだ、という。

諒子の三歳下に、最初の妹になるはずの子供がいた。

だがこれは、流れてしまった。

「水子だよ。あんたも覚えてるだろう」

これは知っている。

諒子がまだ幼い頃、母親が語っていたことがある。

大きかった母親のお腹が急に萎《しぼ》んでしまったのを、うっすら覚えている。

――流れてしまった。流れてしまった。

母親がどんな表情でそれを言ったのか、記憶はあやふやだった。

悲痛な悲しみを浮かべていたか、にやにやと笑っていたのか。諒子の記憶の中の母親が、そのどちらの表情をであったとしても、彼女は「ありそうだ」としか思わなかった。

恐らくこれは、妹を流産した直後の記憶だろう。

諒子はたぶん、二、三歳くらいの頃だ。物心付くか付かないか、というくらい。

母親による諒子への虐待は、気付いたときにはもう始まっていたように思う。物心付いたときには既にそうなっていた。

だから或いは、この生まれてこなかった妹の自然流産が母親が諒子を愛さなくなった契機だったのかもしれないし、それ以前から諒子の存在が母親に疎まれる理由があったのかもしれない。

「お前など生まれてこなければよかった」

「お前のせいで」

お前のせいで、次の子が流れた、とでも言いたかったのかもしれないが、最初に意味を理解した言葉はそれだったような気がする。

実母からの呪詛を心に刻むところから始まるなど。

それ故、諒子は幼い頃から「慈しまれる」という経験を知らずに育った。

そして母親による強い否定は、諒子自身を苛んだ。

自分は必要ではない人間であり。

生まれるべきではない人間であり。

いないほうがよい人間であり。

だからできうるならば、可及的速やかに世を去ったほうがよい人間であり。

結果、幼くして希死念慮《きしねんりょ》が強くなった。

親の顔を見ると死にたくなった。

死ぬことで、親の期待に応えれば、少しは愛してもらえまいかという、益体《やくたい》も付かない願望で心が埋め尽くされてしまうことがあった。

自分の存在する理由が分からず、母親がそう望むように生まれてこなければよかったのだ、というのが唯一の正解に思えてくる。

双子の妹を得て、それを抑え込む気持ちとそれに飲まれる気持ちが、交互に押し寄せるようになった。

そうした希死念慮が強まると、妹が諒子を睨んだ。

それは生まれてきた双子の妹ではない。

生まれてこなかった名もなき妹が、諒子を睨んだ。

希死念慮は絶えなかったから、諒子の視界には常に生まれてこなかった妹が現れていたし、それは常に諒子を睨み付けていた。

それが憎悪なのか、怒りなのかは分からない。

生まれてこなかった妹は、常にあの家の中にいた。

凝り固まったように、そこに在った。


祖母の本題はそれではなかった。

「あんたと、その水子と、双子——その間に、もう一人おった」

初耳だった。

母親は、諒子を産んで疎《うと》んだ。

どうしてか諒子は疎まれ、母親は諒子ではない別の子供を欲しがった。

その子——妹は、流れた。

それが流れた後、母親の妄執は強まったのではないか。

どうしても、諒子ではない別の子供が欲しかったのだろう。

妹を流産した更に三年後に、母親は再び身籠もった。

諒子とは六歳差になる。

ところが、その子も生まれてはこなかった。

「あれは、堕ろさせた。だって、あんたの母親、その頃もうええ歳やったのに、今更子供なんか作ってみっともない」

みっともない？

何それ。

上の妹は、自然流産だった。それは仕方がない。悔しいけど、仕方がない。

だが、その次の子はそうではない。

「男の子やったけどな」

祖母は、つまりこう言いたいのだ。

〈歳のいった嫁が今更子供を作るなんて、近所にどう思われるか。あの嫁、あんな歳でま

だ旦那とよろしくやっているのか。そんな淫らな、そんなはしたない嫁だと思われたくない。だから堕ろさせた〉

何それ。

でもそれなら、何故双子は堕胎させなかったのか。

双子の妹は諒子と九歳差。

つまり、弟が堕胎させられた更に三年後に生まれた子である。それこそ、弟のときより更に歳を経た嫁の出産は、はしたなくはないのか。

「ああ、あの子らはな。双子やろ？　双子は珍しいから」

は？

何それ。

そんな理由で？

珍しいから双子は生かされ、みっともないから弟は堕胎――殺されたのか。

諒子は両親から黙殺されている。

存在が目に付くような振る舞いをすれば、文字通り半殺しにされた。

母親からの暴力と侮蔑《ぶべつ》と罵倒。

生まれてきた理由が分からないような暮らしだが、それでも生きてはいる。

妹は生まれてくることもできず、弟は生まれようとして殺された。

諒子は三人姉妹の姉でなく、四人の弟妹を持つ長姉だった。

自分は姉なのに。姉ちゃんなのに、妹も弟も助けられなかった。

あの夢を見た日から、そして祖母から亡き弟の存在を明かされたその日から、生まれてこられなかったほうの妹の存在は、より明確になった。

それは、これまで以上に確かなものになった。

生まれてこられなかった妹の厳しい表情は、怒りからだろうか。それとも、殺された弟への悔しさからだろうか。生への執着だろうか。

妹が諒子に向ける視線は常に厳しく、時に恨みや憎しみにも近いものが感じられるような気すらする。

それが現れることで諒子の希死念慮が燃え立つのか、希死念慮が強まるから妹が現れるのか、その相関関係は分からなかった。

これまで、諒子を睨む妹の傍らに小さく黒い影のような何かを感じることがあった。

ずっと気付けないでいたが、それこそが弟だった。

妹は自然流産だったから、それでも人に近い形を保っていただろう。しかし、堕胎――

掻爬《そうは》されたことで、弟は人の形を保てなかった。

だから、黒い影のような、そんな形でしか現れることができなかった。そういうことか。

自分は長らく弟の存在そのものを知らなかった。知らされてこなかったし、知る機会もなかった。

殺されていることに気付いてやれなかった。

夢に現れて、祖母の証言を得て、そうと自覚したせいなのか、弟をより強く感じるようになった。妹が在るとき、弟もそこに在るようになった。

虐待を受ける、生きる価値のない自分如きが生きていることが、生まれてすらこられなかった弟妹への罪悪感を惹起《じゃっき》した。

生存者罪悪感《サバイバーズ・ギルト》は根深く、諒子を苛んだ。


それから、長良川の畔で考えた。

いつからか、季節を問わず考え事をするときは、家族に見つからない場所を探すのが癖になっていた。ここなら誰も来ないし、そもそも家族は探しにも来ない。

生まれてこられなかった弟妹に、名前はあっただろうか。

人になる前に死んだ妹に、人の形を毀《こわ》された弟に、あの壊れた両親が名前など付けるだろうか。

虐待を受けるとき以外接点のない両親から、生まれてこなかった弟妹について語られたことはない。祖母と話した後にもない。

存在しなかった子供に名前を与えるようなセンチメンタリズムは、あの毒親にはない。

だが――。

諒子は思った。強く念じた。

私は姉ちゃんだ。

たとえ両親が見捨てたとしても、私は生まれてこなかった弟妹の姉ちゃんだ。

双子の美月と五月がそうであるように、生まれなかった弟妹にも名前が必要だ。

人なのだから、名前があるべきなのだ。

だから、姉ちゃんとして弟妹に名をやりたい。

三歳下の自然流産の妹には、「ハルカ」。

六歳下の堕胎された弟には、「カナタ」。

二人合わせて「遥か彼方」。

姉ちゃんが名付け親だ。

二人は双子ではないが、今はもう遠くにいる。頻々と近場に現れてはいるけど。

生まれてこられなかったけど、あの家にいることに姉ちゃんはちゃんと気付いているし、見えている。姉ちゃんだからね。

だから——ごめん。ごめんな。

諒子の記憶にある限り、両親による虐待は彼女が物心付いた頃には既に始まっており、それが途絶えたことは一度としてなかった。

学校に行かせてもらえたのは、そうしなければ世間体が悪いから。それだけの理由だったろう。きっと、家の外では「いい親、いい家族」のような振りをしていたのかもしれない。家の外で親と出歩くことなど、殆どなかったけど。

それは諒子が家を出るまで続いたし、家を出るそのときに至っても、両親からの苛烈な虐待は収まることはなかった。

家を出る少し前の頃。

何がきっかけでそうなったのかは記憶も定かではないが、諒子は猛烈に怒っていた。

家で感情を露わにすることなど希有《けう》だった。

「泣けば済むと思っているのか」と詰られたとき、自分は泣くことすら許されないのだと早々に悟ったからだ。

が、このとき諒子は本当に怒っていた。

両親に、生まれてきてしまった癖に死にたがっている癖に未だに死ねないでいる自分に、もはや何に向かって誰に対して腹を立てているのかも思い出せない。

ただ、それでも、これまでの人生の中で最も激しく抗った。

押し殺してきた感情が爆発し、禁忌としてきたことを次々に口走る。

「何で弟を殺したんや！　美月と五月は双子だからって産んだ癖に！　何で弟も産んでやらなかったんや！　みっともないって、何やそれ！」

双子の妹はもう中学に上がる歳になっていたが、二人とも部屋の隅で号泣していた。

諒子の剣幕が双子に向いている訳ではないことは、恐らくは承知していたはずだ。

自分達が姉によって否定されている訳ではないことも分かっていただろう。

しかし、両親に否定されるという仕打ちに苛まれていたのは、双子も同じだった。

「私だって、生まれてきたくなかった」

「こんな家に生まれたくなかった」

「そんなら私だって中絶してもらったほうがよかった」

「もう死にたい。死にたい。死にたい」

子供を全否定する仕打ちは、姉妹の全てに分け隔てなく行われていた。

両親からは「要らない子」「世間体が悪い子」と繰り返し刷り込まれていた。

「産むんじゃなかった」

「双子っちゅうて珍しかったのは最初だけやよ」

酷い言われようで、容赦も遠慮もない言葉の暴力は何度も繰り返し心を折る。

諒子は泣きじゃくりながら、双子の肩を抱きしめた。

「そんなこと言うな！　姉ちゃんはあんたらがおってくれて嬉しいよ！　この世に来てくれて、ありがたいんやよ！　姉ちゃん一人にせんで！」

双子に何の瑕疵《かし》がある。

この子達がいたから自分はこの家で生きられたのだ。

生まれてきてくれただけで、本当に嬉しいんだ。

これは、諒子自身が一番欲しかった言葉でもある。生まれたことを喜ばれたかった。生まれたことを許されたかった。

これを諒子に言ってくれる者は、この家にはいないのだ。

だからせめて、妹達には言葉にして聞かせてやりたかった。

この日を境に、生まれなかった妹・ハルカの様子が変わった。

家の中にハルカの姿があることはこれまでと変わりない。

そして、それまでハルカは諒子を一度として認めてこなかった。

いつも諒子の近くにはいたが、彼女を蔑《さげす》んで、或いは生まれてくることができたくせに贅沢な、と非難していた。

甘えるな、何様だ、と。

が、諒子と双子の三姉妹の慟哭《どうこく》が、「死にたい」という魂の叫びを目の当たりにした。

死にたがる姉が、死にたがる双子に「それでも生まれてきてくれた」と言祝《ことほ》いだ。

そのことに、何か思うところがあったのかもしれない。

ハルカの眼差しから厳しさが和らぐようになった。優しさ、温もり、慈しみ、そういった感情が交じるようになった。

ハルカの言わんとすることは、恐らくそれはエール。

諒子を応援する――そういう気持ちが伝わってきた。


それから幾らもしないうちに諒子に転機があった。

彼女は既に成人しており、子供時代とは別の意味で家から足が遠のき始めていた。

思いを寄せ合う人ができたのである。

美月、五月、それにハルカ、カナタ以外から、恐らく初めてこんなことを言われた。

「僕には君が必要で、君が生まれてきてくれて嬉しかったんだ」

それは諒子が何より望んでいた言葉であった。

そして将来を約束した。

両親は諒子を手放すことを嫌がった。

愛情故ではない。被虐の贄《にえ》である諒子を部外者に奪われることは許し難かった。

虐待され続けることが役割であるはずの長女が、その役割を放棄して逃げ出すなど許されるはずがないのだ。と、そのようなことを繰り返し主張した。

つまりは、「お前の結婚は認めないいし、祝福などしない」というようなことだ。元より、親に祝福された結婚など望むべくもないし、起こりえないだろうとも思っていた。世間体も親の都合も関係ない。

だから、親に祝福されないことなど、痛手ではなかった。

諒子の結婚を巡る騒乱の中にあっても、ハルカとカナタは諒子の視界の片隅に在り続けていた。

彼らが諒子の将来を咎める様子はない。

それどころか、いやにはっきりしたメッセージを伝えてきた。

〈姉ちゃんの子供に転生するでね〉

えっ。

いいの？

本当に？　本当に来てくれる？

愛する人がいて、子供が幸せに暮らせる家庭を築きたいと思った。

だから嬉しかった。

楽しみだった。

これから生まれてくる我が子の中に、生まれてこられなかったかつての弟妹が降りてくるのだと思うと、子を授かるのが何より待ち遠しかった。

——しかし、それは叶わなかった。

三十を過ぎ、四十の足音が近付いても、諒子が子宝に恵まれることはなかった。

一足先に諒子が家を出た後も、実家に残った双子の妹のことは絶えず気に掛けてきた。

長女がいなくなった後、あの毒親の悪意に妹達を置き去りにすることだけが心残りだったからだ。

だが、「大きくなったら適当なところで家を出ればいい」「そのことに親の許諾なんか必要ない」という諒子の行動は、双子にとって希望の灯火となった。

そして、高校を卒業した辺りで双子は揃ってあの家を出た。

だから今では双子も虐待と無縁な暮らしを心の底から謳歌《おうか》している。

美月は早々に結婚し、五月は独身を選んだ。

美月は、諒子と異なり思いのほか早くに子宝を授かった。

それは元気な男の子だった。

「目一杯可愛がろうと思うんよ」

という間に、二人目ができた。

また男の子だった。

「男の子二人って、大変らしいよぉ」

「らしいねえ」

——でも、子供が幸せに暮らせる家庭にするんだからね！

何処かで聞いたことがあるような誓いを、美月は朗らかに宣言していた。

諒子が不惑を迎えた年に、美月から電話があった。

用件を伝える前から、弾む声の調子で慶事と分かる。

「姉ちゃん！　私また妊娠したよ！」

「ほんとに！　よかったねえ、おめでとう」

結局、諒子は子宝とは無縁だったが、その分、美月のところに幸せが集まっているなら、こんな嬉しいことはない。

と、報告には続きがあった。

「それがねえ、どうも双子みたいなの」

えっ。

あっ。

あーっ。そうか。そっちに行ったか。

諒子が結婚するとき、ハルカが言っていた。

〈姉ちゃんの子供に転生するでね〉

って。諒子がとうとう子供を諦めたせいなのか、生まれてこなかった弟妹はどうやら美月の許でその約束を果たすことにしたのかもしれない。

「何かねえ、男の子と女の子みたい。二卵性双生児っていう奴やよ」

そっか。そっかそっか。

ハルカとカナタが、一遍にやってくるのかな。

もしそうなら、先に生まれてくるのが女の子のハルカで、弟のカナタのほうは後から出てきそう。なんて。

程なく、美月は双子を出産した。

案の定、生まれたのは女の子が先で、男の子は後だった。

「名前考えなあかんやん」

ハルカとカナタってどうかな、と提案してみたが、「上の子の同級生に同じ名前の子がおるんで、それは面倒になりそうだからやめとくわあ」と却下された。


半年ほどして、漸く帰省の機会があった。

実家は出ても地元に残った美月のところに寄って、双子の姪甥を可愛がるのだ。

姪の名は優子、甥は悠人と名付けられた。

「ゆうちゃーん、元気でちゅかー」

「どっちのゆうちゃんよ」

「可愛いほうに決まってるやん」

「双子やよ。どっちも可愛いよ」

優子の笑顔を愛でていたそのとき、諒子の頭の中に声が流れ込んできた。

声なのか、思念なのか、とにかく嬉しそうな、喜びが爆発するような。

そして、それははっきりと言ったのだ。

〈姉ちゃん、分かる？　私やよ！〉

「あは。あははっ」

姉ちゃん見くびるなよ！　分からいでか！

ハルカ！


美月によると、姪甥合わせて四人の兄妹を育てていくのは、それはもう大変らしい。何しろ、男児が三人である。これから大きくなるにつれて、ヤンチャ坊主になるのは目に見えている。

そして、四人兄妹紅一点の優子は、明るく活発。言葉もハキハキして、やたらテキパキと動く性格らしい。そこが可愛いのだ、とも。

末っ子の悠人は、何だかぽやーんとした性格になった。そういえば、実家でハルカにくっついて現れていたカナタもそんな感じだったから、これはもう明らかにカナタが悠人の中にいるのだろう。

親からの虐待と希死念慮の地獄を生き抜いて、辿り着いたところは幸せだった。

生まれてこられなかった弟妹が、生まれて生き抜いた美月のところで元気にやっている。

この子達、もう十分に幸せじゃないの、これ。

御家庭スペクタクル大戦

妙な戸建てをうっかり買ってしまったエアコン屋の槇は、その後、同棲していた郁未《いくみ》さんと結婚したようで、昨年久々に屋形船宴会で会ったときにも二人とも元気そうだった。

「最近何かあった？」

と聞くと、

「あったあった！」

と嬉しそうだったので、そこんとこ詳しく、と教えてもらった。

この日、槇の仕事場は横浜の中華街であった。

内装工事で入ったテナントに、エアコンの取り付け工事を頼まれていたのだが、他のテナントの営業時間がどうこうという話になって、工事は日中でなく夜間になった。

槇にとって、いつもと同じどうということのない手慣れた仕事である。

物件のオーナーがどうだの、テナントの評判がどうだのということについてはあまり興味がない。

たとえ〈何か〉あったとて、槇にはそれはさっぱり分からないからだ。

言うなれば霊的不感症ともいうもので、槇はとにかくその手のものについてはからっきしであったので、何があろうと気にも留めない。

分からんものは、分からんのだ。

いつものように仕事を終え、いつもの道を走って家路に就き、いつもの我が家へ帰宅。

「ただいまあ」

と、玄関で声を掛けると、「おかえりい」と返しながら玄関先に顔を出した郁未さんは、「ひっ」と声を上げた。

槇は〈そういうのさっぱり〉なのだが、郁未さんはというと〈とにかく敏感〉であった。

思えば、槇が最初に買った家でもそうだった。

〈俺にはさっぱり分からんのよ〉という槇に対して、〈出すぎ見えすぎ見られすぎでとにかくしんどい〉と郁未さんが音を上げたことから、あの家は手放している。

この下りは拙書『「忌」怖い話 回向怪談』に収録されているので子細はそちらに譲る。

つまり郁未さんは、要するに見えすぎて困る人である、と思っておいていただきたい。

その郁未さんが帰宅した槇の傍らに見たのは、二人の〈人ならざるもの〉であった。

見えすぎて困るとはいいえ、彼女は幽霊が見えたくらいで悲鳴を上げるほどヤワな人ではない。霊的には剛の者である。

その彼女が思わず息を呑んだというのだから一体何事なのかというと、それは男女の霊であった。

その気配、その振る舞いを見るに、女が主人で男が従者。

女のほうは発狂、いや発情している。

色欲に飲まれたのか、性、いや生に対する異常なまでの執着がそうさせるのかは分からないのだが、それは色情に狂っていた。

色狂いの女（の霊）が、郁未さんの夫である槙にひっついてやってきたのである。

なるほど、そりゃあ声も出る。

男のほうはというと、色狂いの女に執着している。

我が主人、とばかりに付き従い、それ以外には興味がまるでない。

狂気に満ちた女主人と忠実な下僕、執事といった具合に見えた。

家の外で見かける分には、くわばらくわばらで済む話だが、そんなものを連れて自宅にまでやってこられては敵わない。

今日の仕事先か、中華街の何処かで引っかけてきたのだろうが、とにかく槙には全く分からんので、不審な何かをお持ち帰りしてきたという自覚も何もない。

郁未さんは、何も気付かず上がり込もうとする槇を引き留めた。

「槇っち！　ステイ！　待て！　まず、そこから動かないで！」

「えっ？　何？」

「いいから動かない！　何か、拾ってきてる！」

「えっ？　何？　今度は何？」

槇は自分の背後を振り返るのだが、当然ながら何も視界に入らない。

色狂いの女はへらへらと嗤い、執事の男は感情を露わにしない。ただただ棒立ちである。

「とにかく、ちょっと待って！　塩持ってくる！」

郁未さんは母方の家系がそういう方面に御縁があるらしい。

何をどうすれば、みたいな正式な作法はさておいて、とにかくこやつらを追い祓わねばならない。

台所からひっつかんできた食塩を槇に向けてぶちまけ、「出ていけ、出ていけ」と頑張ってみた。

色狂いの女はへらへらしている。

執事の男は頑張っている。

が、男のほうは次第に活力を失い、その存在を曖昧にした。

祓えた、と思う。

消えたか成仏させたかまでは分からないが、少なくとも槇の傍らから落とし、家の外に叩き出すことはできているはずだ。

色狂いの女のほうは――いない。

いないが、まだいる。

前に手放した戸建てが散々だったこと、槇は自分がそれと気付かないのをいいことに、ちょくちょく〈何か〉を拾ってくるので、郁未さんはそれに備えるために今の家では結界めいたものを各部屋に施していた。

とはいえ、それらはいただいてきた神社のお札をそれぞれの部屋に奉じた程度のものであったが、幾許かの効果は確認済みである。

色狂いの女は玄関に棒立ちの槇の傍らからは消えている。

が、その気配は家の奥からより濃密に感じられた。

「ねえ、消えた？」

槇は脳天気に訊ねる。

「いや、まだ。部屋の中、入られちゃった」

「えっ、マジで。マジかー」

この色狂い、何とも根性が据わっていると言わざるを得ない。

今の家では、先にも述べた結界があちこちにある。霊如きにとって居心地がいい場所ではないはずなのだ。

リビング、キッチン、寝室、風呂場、それぞれ〈居座られたら気まずい場所、不愉快な場所〉に重点的にお札を巡らせてあるはずだが、一箇所だけ特に何もしていない部屋がある。

それは漫画部屋と呼んでいる部屋で、要するに二人の蔵書、コレクションの類がみっちり詰め込まれている。筋金の入った金のあるオタクが蒐集欲の権化と化して半生を費やして集めた、その手の色々が詰め込まれた夢の部屋である。

色狂いの女は、そこに立て籠もっていた。

郁末さんにはまるで興味がないようで、槇が漫画部屋に入ってくるのを手ぐすね引いて待ち構えている。

槇にはそんなことはてんで分からないので、そのラブコールは届かないのだが。

「槇っち、手招かれてるよ」

「マジか」

「漫画部屋、当分近付いちゃだめだからね」

「マジかー……」


それから暫くの間、槇は郁未さんの言いつけを守って漫画部屋には近付かなかった。

読みたい本はあったが、それは耐えた。

買ってきた新刊本をしまい込みたいが、それも耐えた。

リビングが散らかったが、漫画部屋に近付く訳にはいかないのでこれは仕方がない。

そんなある日、色狂いの女の気配が消えた。

「あれ？　いない？」

いや、いる。

出ていっていないし、そんなきっかけもなかったはずだ。まだいるはずなのに、気配が完全に分からなくなった。

こりゃ、長期戦になるかもしれない。

しかし、夫婦の憩いと夫婦の魂の財産が詰め込まれた漫画部屋を、色狂いの闖入者《ちんにゅうしゃ》にいつまでもうまうまと奪われたままにしておく訳にはいかないのである。

とはいえ、敵はなかなか狡猾《こうかつ》で強力。

郁未さんの手に負える代物ではないような気がする。

そこで、奥の手をせがんだ。

「神様仏様御先祖様、背後で守護して下さってる皆々様、あの色情霊、どうにかできませんかね！」

若干大雑把なお願いではあったのだが、何しろ必死であった。

戦力の逐次投入はよろしくない。

守護の方々には、助っ人の眷属《けんぞく》様を目一杯呼べるだけ呼んでもらって、どうにかしよう。

頼めるものなら全部をお願いして全力投入でぶちかましたらあ！

——という心持ちであった。

意を決し、いるはずだが気配の途絶えた漫画部屋に踏み込んだ。

部屋の真ん中で九字を切る。

と——。

いた。いやがった。

部屋が激しく揺れた。

本棚が倒れまいかと心配になる。

ラップ音が鳴り響く。

本が破れまいかと心配になる。

地鳴りと、震動、空気が割けるバリバリという音が響き渡る。

「あっ、私ここにいると邪魔ですよね！」

郁末さんは漫画部屋から逃げ出して、安全圏から室内の様子を窺《うかが》った。

不思議なことに、部屋の外では何一つ不可思議なことは起きず、件の漫画部屋の中だけがスペクタクルな感じで激闘が起きている。

戦ってる戦ってる。

ありがてえ、ありがてえ、と拝みながら固唾《かたず》を呑んで見守っているうち、あの色狂いのいやらしい粘つく気配のようなものが、はじき出された。

部屋の中から、家の中から、色狂いは叩き出されていって、とうとう家の外に追い出された。

「いよっしゃああ！　ありがとうございます！」

どうやら、呼び出された守護の眷属様方が総員で戦い、ついに色狂いに打ち克《か》ったということであるらしい。

「やったよ槇っち！　あいつ出ていったよ！」

「マジか！　やったあ！」

槇は、これでゆっくり楽しめる、と、久々の漫画部屋を堪能するのだった。

黄泉ノ家 怖い話

「いや、話はここで終わりじゃないんですよ」

「ここまででも十分スペクタクルな感じだったと思うんだけど、まだあんの？」

「あるんですよ」

泡食って雑に呼び出した守護の助っ人様達。

要するに、守護霊の各種眷属様方はどうしたのかというと、漫画部屋から色狂いの女を叩き出すミッションをコンプリートした後、今度はその眷属様方が郁未さんの部屋に居座ってしまったのである。

もちろん、悪意ある地縛霊の類とは異なるものではあるのだが、

『せっかく呼び出されたんだし、この際誰かが守護として残ったほうがええんちゃう？』

（意訳）

という具合で、誰が居残るかを巡って眷属様方が戦々恐々としている、という。

その数、何と百体以上。

「えっ。百体？」

「百体以上です。それが私の部屋にすし詰めに」

どうしたものかと思い悩んだ郁末さんは、槙を自分の部屋に連れていった。

「えっ、何？　何かあった？」

「んー、槙っちステイ。そこでジッとしてて」

「分かった」

言われるがままにジッとしていると、槙と相性の良さそうな眷属様が彼に憑いた。

そのうち、〈用が済んだから、ハイ解散解散〉という具合に少しずつ眷属様方が減っていった。


「それで、最終的に残った守護眷属様って何だったの？」

「三峰《みつみね》の山犬と、戸隠《とがくし》の龍が残ったみたいですね」

犬かあ。槙と相性良さそうだよね――と思ったのだが、槙当人はというと「うん、分からん。俺にはさっぱり分からん」と通常営業である。

槙にはこれからも槙であってほしいと思った。

能力者はつらいよ

気付けば人生の半分以上、怪談を書いて暮らしてきた。

怪談は書くことよりその半分以上は聞くこと伺うことのほうに重点が置かれていると思う。それ故に、怪談の素となる体験談を語って下さる体験者の方々とのお付き合いも相当数に上る。

体験者は見なくていいものを見てしまい、それを怪談作家に明かして下さる訳なのだが、そこには、幾つかの類型がある。

例えば、自分の剛毅《ごうき》を誇る人。「友人達と心霊スポットに行って出くわしたが、俺は怖くなかった」とか。これは、女友達とか後輩とか、そういう場所で怖がる誰かを見てからかってやろうとか、そういう下心がある。ただ、そうした話は「苦い記憶」とも直結している。結局、同行者の誰かに取り返しの付かないことが起きていて、自分だけは逃げ果せたのだ、自分は無関係なのだ、と自身を納得させようとしているように見える。

次に、自分の正気を疑う人。幽霊など存在してはいけないし、存在しないものが見えている時点で自分の頭がおかしいのではないか、と思い悩む。迂闊に相談もできないから、「確かに見た。しかし、それが確かなら自分が正気ではないことを裏付けてしまう」というジレンマを抱え込み、そんなところに〈怪談を仕事にしています〉なんてのがのこのこ現れると、「信じてもらえるかもしれない」という一縷《いちる》の望みとある種の救いを求めて、秘めた体験を大放出し始める。

それから、自分や家族・親族の恥と考えて、誰にも言えずひた隠しにしてきた人。体験談は「身内の振る舞いや、一族の秘めたる後ろめたさ」と直結しているものに由来する話が多いような気はする。先祖のやらかしであるとか、近親者の罪であるとか、或いは罪ではないが知られてはならない恥であったりとか。あったる怪異を説明するのに、その背景として身内の恥を語らざるを得ない話は、自然、体験者の口も重くなる。こういう話は却って「見ず知らず」を相手にしたときのほうが舌が滑らかになるようで、一族の恥に連なる体験談は、概ね一期一会の方から伺うことが多かったようにも思う。

一方で、そうした体験談を甚《いた》く楽しそうに語る人がいる。

怪談作家諸氏の中には怪談を愉快に語る達人が何人かいるが、これは彼らが「恐怖怪異の蒐集者」という業を背負っているせいなのではないかと思わなくもない。この、「楽しげに怪談を語る人」というのは体験者の中にもちらほらいる。

僕も「楽しい怪談」「愉快な怪談」「苦笑が浮かぶ怪談」は大好きだが、体験者が楽しげに語っているからといって、それが楽しい話だとは必ずしも限らないのが怪談というものだ。

志垣氏は古くから僕宛に体験談を寄せて下さる方の一人であるが、氏からは「楽しい話」と「楽しめない、楽しんではまずい話」を様々伺ってきた。

特に、志垣氏の彼女に関する話が多かった。当時いただいたメールなどを読み返すと、概ね惚気《のろけ》であった。爆発しろ、お幸せに、というくらいには、二人の仲が良好であることを読み取ることができた。

＊

当時、志垣氏と彼女の付き合いは遠距離恋愛であったと聞く。

時期としては二〇〇〇年代の初頭から半ばくらいの頃だろう。社会背景で言えば、「インターネットはとうにあったし、ノートパソコンも普通にあった。ただ、スマホは登場するかしないかの頃で主流はまだまだ携帯電話《ガラケー》、タブレットはほぼ見かけない。SNSといえばツイッター（X）でもインスタグラムでもなくてｍｉｘｉ」と、こう書けば大体何時頃の話かという見当は付くだろうか。

二人はネットの掲示板で知り合い、メールでやりとりするうちに仲が深まり、それでも暮らしている場所が大分離れていたから、ある意味最初から遠距離恋愛としてスタートした。

それでも、彼女の許まで志垣氏は高速を飛ばして通い、度々逢瀬《おうせ》を楽しんでいた様子だった。


二人、予定を合わせて小旅行を楽しむこともあった。

ただ身体を重ねるためだけでなく、ドライブを兼ねて出かけたりもした。

この日は、海沿いのホテルに部屋を取った。

旅装を解き、温泉など楽しんだ後のこと。

「じゃあ、そろそろ寝ようか」

ベッドサイドの操作盤から明かりを消そうとすると、ベッドに横たわっていた彼女が物憂げに、

「ここは明かり消さないで」

今日はそのつもりではなかったが、これは夜の営みへの誘いだろうか。

明かりを消さずに、煌々《こうこう》と明るい部屋でいたそう、ということだろうか。

黄泉ノ家　怖い話

志垣氏が期待に色々膨らませていると、彼女は重ねて言った。

「あのね。この部屋、明かり消さないほうがいいと思うよ」

「消してほしい、じゃなくて？」

「うん。この部屋、塩とかあるかな。あれば塩撒いてから寝よ」

艶やかな話題が、危うげな話題に急転回した。

「えっ……塩って、塩？」

「塩」

あっ、うーん。

そうか、この部屋……出るのか。

志垣氏の彼女は、こうした〈モノ〉について甚《いた》く敏感だった。

彼女が「いる」というなら、それはもう間違いなくいるのだろう。

閨《ねや》の睦言《むつごと》を楽しむつもりでいた部屋が、急に居心地の悪いものに変わった。

志垣氏にはそれは分からないのだが、この部屋にいるのは彼女と自分の二人きりではないということは揺るがないらしい。

「そ……そしたら、テレビも点けたほうがいい？」

「えー。それはいいよぉ。だってテレビなんか点けたら寝られなくなるじゃん」

寝る気なんだ。

今夜はここでしないのは、うん。分かる。だけど、この部屋で寝るんだ。

寝られるんだこの人。

志垣氏は彼女の感の強さと肝の太さに惚れ直した、という。


後日、二人で行った小旅行で撮影した写真の話になった。

あのドライブで巡った場所はなかなか風光明媚なロケーションが多くあり、風景や彼女のポートレートをコンデジで撮りまくった。

彼女が写真を欲しがったが、当時はまだクラウドで写真を共有するサービスなどない時代だった。メールで送るにはファイル数が些か多すぎるし、ファイルサイズも大きすぎた。

このため、結構膨大な枚数になった写真を一緒に見よう——という名目で、志垣氏は彼女の住む町へ夜の高速を飛ばして車を走らせた。

ノートパソコンをアルバム代わりに、二人肩を並べて旅先の写真を眺めた。

彼女は、「ここ、綺麗だったねえ」「ここは良かったねえ」と旅の記憶と照らし合わせながら、楽しげに写真を繰った。

「この滝とか、凄かったよねえ」

「うーん」

不意に彼女は呻いて写真のビュワーを閉じると、サムネイル画面を開き「これとこれとこれ」と指さした。

「この写真は消して」

指定されたものには、今正に話題に挙がっていた滝の写真が含まれている。

「えっ、何で」

「写ってる」

滝と山と手すりと彼女が写っている一枚だ。

が、それ以外の何が。

「写っててほしくないもの。何だか、また写っちゃってたみたい」

「えっ、見たい。これ拡大すれば俺にも見える？」

「やめなよぉ」

志垣氏にはとにかく分からないのだが、彼女にははっきりそれと分かるらしい。

どうしても見てみたかったので食い下がったが、彼女がどうにも強硬にそれを止める。

「だってぇ……この後、一人で高速走って帰るんでしょ？　事故なく、無事に帰ってほしいもん。だから消して」

「あっ、そういうレベルの奴か」

彼女が食い下がるとき、それは間違いがないのだ。

このまま見てしまえば、この写真を持ち帰れば良くないことが起きる。

これが写っている写真を持ってやってきた往路では何事もなかった。が、それが写っていることを認識してしまった。

こちらが気付いたということは、あちらも気付いた、ということ。深淵を覗くとき、深淵もまたこちらを覗いている――というアレだ。

志垣氏は、ファイルを消した。

＊

怪談作家が聞く体験談は、往々にして〈既に起きてしまったこと〉〈済んだこと〉であり、そして非常に不謹慎なことにその被害の規模やダメージが大きいものほど、〈上質の怪談だ〉などと喜んでしまったりする。

だから、「すんでの所で踏みとどまった話」や「大事になる前に回避できた話」は怪談作家や怪談読者はあまり喜ばないのかもしれない。

だが、あともう一歩踏み込んで酷い目に遭えばネタになるのに、などと考えてはいけない。もし、一歩踏み込んで、より酷いことが起きていたら、そもそも「体験談を伝え知らせてくれる体験者」は命を落としていて、体験談を得る機会そのものが失われていたのかもしれないのだ。だから、こうした大事に至らなかった小怪異は寧ろ言祝ぐべきだろう。

そして、志垣氏の彼女がそうであるように、小怪異で事を抑え込む、予防と減災の能力者こそ希有だと思う。

こうした能力を持つ人、能力に秀でた体験者というのは稀にいる。

ただ、能力値の高い能力者ほど話が大仰に至らない。常識に照らせば、高い能力者は大きな怪異に巻き込まれているのでは？　と期待しがちではあるが、本当に高い能力をお持ちの場合、「大事になる前に予防してしまう」ものらしい。

そうした能力を彼ら彼女らは何処で手に入れるのか。怪談作家的にも怪談読者的にも大いに気になるところだ。が、これにも幾つかの類型がある。

先祖血族から遺伝的に受け継ぐ場合、後天的に何らかのきっかけを経て与えられる場合、物心付いたら既にそうだったので、いつというのは分からない場合などなど。

志垣氏の彼女の場合、当人がそれを明確に自覚した契機があったらしい。

高校時代の彼女は、ある時期、酷く懊悩《おうのう》していた。

少し前に人生が大きく変わる事件に遭遇したばかりだったが、そのことが消し飛びかねないほどの経験をその身に刻まれていた。


最初の晩、寝入り端に身体の自由を奪われた。

手足は押さえつけられ、身動《みじろ》ぎ一つできない。

そして、粗い吐息が掛かる。

相手は恐らく一人だろう、と思う。

抵抗をしようにも、指先一つ動かせず自身の無力を恨むしかできない。

半ば諦めたとき、それは会陰《えいん》に押し付けられた。

重くのしかかられ、フッ、フッ、という息遣いが聞こえる。

乱雑に勝手に動かれ、勝手に果てる。

それが済むと身体が軽くなる。

自室での出来事である。侵入者はなく、自身の身体には何の痕跡も残らない。

だから、それは先頃経験したばかりの「人生を変えるほどの事件」の余波で、思い悩んだ末に見た悪夢か幻覚の類なのかと思った。

黄泉ノ家 怖い話

しかし、のしかかる訪問者は次の晩も現れた。

同じように彼女の身体の自由を奪い、這い蹲《つくば》らせ、その肢体を蹂躙《じゅうりん》した。

フッ、フッ、という吐息は確かに聞こえ、不愉快な重みも確かに感じた。

それは、「人生を変えるほどの事件」の記憶を、より鮮明に思い起こさせた。

彼女はこの数日前、暴走族のリーダーにより強姦されていた。

そのリーダーは、彼女の当時の彼氏だった。

信頼していた男が豹変し、獣になり、花を散らした。

強いられた意図しない破瓜《はか》は、恐ろしく、腹立たしく、汚辱と怒りに塗《まみ》れたもので、悦びなど何処にもなかった。

その経験を、夜毎追体験させられているのかと思うと、また腹が立った。

実体のない強姦者はひとしきり彼女の身体を堪能すると、勝手に果てて、また消えた。

行きずりの死霊か、彼女を犯した彼氏の生霊か、そんなことまでは分からない。

彼女は、霊に犯されている。

逃げ場のない自宅の、自室で。逃げ場のない、ベッドの上で。

逃げる手足の自由を奪い去られて。

それだけは確かだった。

これは連日続いた。

次の晩も、また次の晩も。彼女は夜毎、忘れがたい事件を身体に刻み直されるような不快を強いられ、これに強く怒りを感じていた。

何故自分がこのような理不尽を強いられ続けなければならないのか。

何故なのか。何故自分なのか。

何故、生身の破瓜に続いて、実態も不確かな何かに霊的破瓜を強いられているのか。

怒りが頂点に達したその夜。

いつもと同じように身体の自由を奪われ、いつもと同じように〈フッ、フッ〉という荒い息遣いが彼女にのしかかる。

いつも以上に激しくかき回したかと思うと、実体を持たない強姦者はいつものように果てた。

が、この晩はいつもと違った。

果てると同時に消え失せて逃げていたくせに、この日は果てて動きを止めたのと同時に、彼女の頬をつねりあげた。

顔の形が変わるほど強く捻られ、思わず声が出た。

そして、この夜を最後に霊的強姦魔は姿を消した。

彼女が霊的な何かに関する鋭敏な能力をその身に宿したのは、この霊的破瓜以降であるということなので、正しく「得体の知れない何かによってもたらされた力」と言えるのかもしれない。

＊

志垣氏が彼女をどのように口説き落としたのか、どのようにその心を開かせたのかについては当人から色々お伝えいただいたが、それをつぶさに書いていると「爆発しろ」と唱えそうになるのでここでは割愛したい。

だが、心の傷としてあった辛い記憶について明かし、そのことが二人の仲を揺らがせなかったのだから、彼らの絆は本物なのだろうと思う。

実際、志垣氏から見た彼女についての印象はというと、

「少々、変わっている人ではありますね」

過酷な経験がそうさせたのか、思いがけず得てしまった能力がそうさせたのかは分から

ない。ただ、所謂〈霊感持ち〉、或いは〈体験者〉の多くが、人と少し違った行動を取るというのは珍しいことではない。

人とは別のものを見ているせいか、他人に見聞きできないものを自分は把握できているということを隠し、伏せ、「能力など何もないごく普通の人」であるかのように振る舞おうとしたり。

ただそれが、今一つうまくいかないことで、却って違和感に結びついてしまうケースもある。

彼女の場合、「自分が人と違うものを見ている」ということについて、明確な自覚があった。気のせい、幻覚などではないのだろう。これは、〈そういう〉ものを感じ取る力なのだろう、と。

ただ、それだけに、その力は伏せなければならなかった。

人と違うことは武器ではない。誇って違いを見せつけるようなものではない。

それがバレれば、異物を見るような目で見られ、排斥され、或いは腫れ物に触るように扱われ、潮が引くように周囲から誰もいなくなる。

親しくなった人がそのように変わってしまうのは辛い。

「だから、普段からそういう能力は自ら封印しているようです」

目を瞑るように、鎧戸を落とすように。見たくないものを見ないようにする。

見なければ、気付かなければ、「普通の人」と同じように振る舞えるはず。

が、無理をすれば歪みが生じる。

例えば、「見えないものが最初から見えていない人」と、「見えているが見えていないように振る舞っている人」では、視線の泳ぎ方からして違う。見えていないように頑張る人は、「見えていない、ようにする」ことを殊更に意識するため、不自然に目を逸らす。

そんな些細なことの積み重ねが違和感となり、事情を知らない人には「あの人少し変わってる」と評価されてしまう。

それでも、能力があることをして異物のように扱われたくはないのだと思う。

だから、そうした能力があることを親しい人々にも、まして顔見知りというだけの人々になど明かさず、自分自身の負担にもならないよう封印している。

「でも、アレですね。酒が入ると箍《たが》が緩むみたいで」

酒に酔ってしまうと、封印が解けて「見え放題」になる。

それは当人も分かっているらしい。

ただ、彼女は酒に弱い訳ではない。寧ろ、すこぶる強いアルコール耐性を持ち、滅多なことでは酔わないし、箍も外れない。

対して志垣氏は完全なる下戸で、一滴も飲めない。

デートの後、二人で一緒に晩飯を摂るときなど、飲まない志垣氏にハンドルを任せられるので、居酒屋を選ぶことがしばしばある。

箍を外さないよう慎重である彼女なのだが、どうした訳か志垣氏と一緒にいるときだけ、彼女は酩酊《めいてい》する。

それも、よほど弱い人が僅かな量ですぐにできあがってしまうような、あんな具合に短時間で至ってしまう。所謂、泥酔する大トラといった風である。

相手が志垣氏だからこその安心、信頼もあるのだろう。

志垣氏は彼女のそうした能力に偏見がない。忌むべきものとも思わない。

晒し者にするようなことではない、と弁《わきま》えているのは確かだが、その彼女についてのことを、愛しき能力者として怪談作家に紹介して下さるくらいには、その在り方を肯定している。

あるとき、居酒屋での夕食の折、彼女はいつの間にかできあがっていた。

言うほどハイペースではなかったし、強い酒ばかり頼んでいたということもないはずだったが、気付くと、上気した薄紅色の顔にとろんとした表情を浮かべていた。

「ねえ、ねえ。あなたのお父さんてさあ、すっごいハンサムな人だったんらねえ」

普段なら、何かに気付いても視線を逸らして不自然な笑みを浮かべているところだったのだろうが、この日は志垣氏の肩越しを見つめて言った。

何か——誰かを見ている。そこにいる何かを目で追っている様子だった。

「何かねえ、お父さん、めっちゃ謝ってる。何でぺこぺこしてんの？　何か謝るようなことしちゃったのぉ？」

志垣氏は、ドキリとした。

「えっと、何で、俺の親父だと思ったの？」

「えー、だって、あなたにそっくりなおじさまだし。それに、息子をよろしく、って。よろしくって、言われたけどお。よろしくしてますよぉ、お父さあん」

そっか、そっか。

挨拶されたか。

志垣氏の父上は、故人である。

放蕩《ほうとう》の末に亡くなった人であり、良い父親とは言えなかったかもしれない。

そのことに悔いでもあったか。

店を出るときには、彼女はもう完全にできあがってしまっていた。

ぐでんぐでんというオノマトペが聞こえてきそうなぐらいで、自力で立てないくらいには正体をなくしている。

信頼してくれているのだなあ、という嬉しさもあるが、まずは彼女をマンションまで送り届けなければ。

「ほら、しっかり立って」

のしかかる彼女の腕を肩に回し、店の駐車場に向かった。

車の鍵を探してポケットに片手を突っ込んだとき。

不意にひやりとした。

志垣氏は、身体の左半身から体温が失われていくのを感じた。

涼しいのとも違う。冷たいというのとも違う。血の気が引くのでもない。

何というか、周囲の気温や彼女の体温と無関係に、自分の体温だけが——それも左半身のみが、生気を失っていくように思えた。

彼女は志垣氏の車のナビシートに倒れ込むように座った。

ぐでんぐでんになっていることは先程と変わらない。酒に酔っているのか、他の何かに当てられているのか、呂律《ろれつ》の回らない様子で口走った。

「憑《つ》いらみらい《いたみたい》」

憑いた、って何が。誰が。

　志垣氏は疑問を言葉にする暇もなく運転席に身体をねじ込み、自分と彼女のシートベルトをどうにか締める。

　その間にも左半身の温度は抜けるように下がっていき、今ではもう冷水に落ちて麻痺しているかのよう。

「車出しれ《て》。はーやーくぅー」

　彼女が促してくる。

　左半身は体温を失ったままで、思い通りに動かすのに難儀した。

　辛うじて動かせてはいるが、何かに触っている感覚がまるでない。

　それでもマニュアル車ではないことが幸いした。オートマであれば、左手の役割はごく少なくても何とかなる。

　居酒屋の駐車場を出て表通りに入ると、再び彼女が声を上げる。

「そーこーをー、右。右行ったらぁ、次の交差点、を？　ひだーりぃ」

　彼女のマンションの場所は知っている。

　しかし彼女が示す道順は、彼女のマンションへ向かうものではない。

　何処に向かって走らされているのか分からないが、志垣氏は言われるがままにハンドルを切った。

　彼女は運転席の志垣氏の左肩に手を置いて、何事か呟いている。

　耳を欹《そばだ》てると、

「しゅーー、しゅーー」

　と、ホワイトノイズが聞こえる。

　ガスが隙間から吹き出すような音だ。

　そして、志垣氏の肩を手のひらでバンバンとやたら乱暴に叩く。

「今度はまた左ぃ、まっすぐー」

　彼女がそう指示するときだけ、〈しゅー、しゅー〉という音が途切れる。

　どうやらこれは、彼女の口許から漏れ出た吐息の音であるらしい。

「はい、ここで止まってェ！」

　言われて、ハッとしてブレーキを踏んだ。

　急制動で車が沈み込む。

「えええええぃ！　……はい、終わり」

　最後に一際強く肩を叩かれた。

　その瞬間、左半身に体温と失われかけていた指先の感覚が戻ってきた。

何か憑き物が落とされたような。

しがみつかれてしびれていた腕を取り戻せたような。

「ねえ、これって」

どういうことなんだ、と彼女を見ると、彼女はすうすうと寝息を立てていた。

停めた車から車外に出てみる。

あまり覚えのないところにいた。

辺りは静まりかえっていて、その静けさが荘厳さを裏打ちしている。

志垣氏の車は、何処かの神社の鳥居の前にあった。

彼女が目を覚ます気配はない。


その後、眠り込んだ彼女をマンションまで送り届けた。

それっきり彼女から神社前に連れていかれた理由について説明はなく、話題にも挙がらなかった。

別の日に、あの晩のことについて訊ねてみた。

「えっ、私何かしたっけ」

志垣氏の左半身に憑いた何かを落としてくれた、何処かの神社前まで連れていってくれた、という彼女の行為行動そのものを、彼女は全く覚えていなかった。

店で飲んでいた途中くらいから記憶が朧気《おぼろげ》だったようで、そうしてみるとあのぐでんぐでんな状態にありながら的確な対処をしてくれたのは、本当に彼女だったのかどうかも疑わしくなってくる。

「ふぅん。そんなことできるんだぁ、あたし」

この様子では、もう一度やれと言われたら、やれるかどうかは大分怪しい。

＊

志垣氏の認識としては、

「うちの彼女は凄いんですよ」

というのがある。

実際、子細をお知らせいただくときも、彼女自慢と惚気と彼女自慢が交互に織り込まれてくるような、まあ愛と崇敬を感じる内容が怒濤のように語られてくることが多かった。

自分にないものを持っている自分ではない誰か――というものと相対したとき、人が取る行動は「羨んで妬む」か「崇敬する」か、大体このどちらかになるが、志垣氏が彼女に寄せる感情はほぼ崇敬に染まっていたように思う。

さて、志垣氏と彼女は前述した通り遠距離恋愛で愛を育んでいた。

今ならＬＩＮＥなりショートメッセージなりｚｏｏｍなり、遠距離恋愛の距離を詰めるツールの選択肢は幅広いが、当時の志垣氏達が主に使っていたツールはチャットだった。スマホのない時代だが、二人の日常はお話を聞く限りではガラケーなどではなくパソコンとインターネットを使ったチャットだった、ということだった。

実際、電話代を気にしながらの長電話よりも、キーボードを打鍵してのチャットで語らうことに二人とも慣れていたから、という。

ある日のチャットでのこと。

志垣：　でもやっぱ、いいよなあ。

彼女：　何がさ。

志垣：　君って様々な能力を持ってるじゃん。常人にはない力だよ。凄いよ。羨ましい。

怪異体験談を小まめに送って下さるくらいには、志垣氏は怪談好きである。超常の能力といったものの真偽についても特に猜疑心《さいぎ》を抱くこともなく、ただただ憧れがある。

妬ましいと思ったことはないが、憧れから羨ましく思ったことは正直なところ、ある。

彼女：やめとき。こんな能力ろくなもんじゃないよ。
志垣：謙遜？
彼女：違うって。それに、
　そこで返信が一度止まる。
　彼女の打鍵の早さは志垣氏も舌を巻くほどであったが、このときの間は何かについて応え倦ねているように感じられた。
志垣：ナニ？
彼女：あのね。自覚してどうにかなるっていうもんでもないんだけど、私なんかよりあなたの力のほうが強いよ。
志垣：えっ、何それ。
彼女：結構強い力を持ってると思う。そして、強いだけに厄介。
志垣：君みたいな能力、俺にもあるのかな？
彼女：違うよ。そういうんじゃない。
　彼女は再び言い淀む。
　ディスプレイにはチャットルームの文字列しか見えていないが、彼女が言葉を濁すときの表情が脳裏に浮かぶ。

彼女：　あのね。あなた滅多に怒らないでしょう？　凄く穏やかな人、だよね。
志垣：　そうかな。照れる。
彼女：　うん。でも、たまに素で怒ってるときがある。理由は色々だけど。そういうとき、こっちが大変なんだよ。
志垣：　こっち？
これまでにチャットをしながら、腹を立てたことなんてあったっけ。
いや、なくはないか。滅多にないが、仕事のことで苛立っていたり、彼女と僅かな意見の食い違いがあったり、そういうことはあったかもしれない。
だが、その辺りのやりとりも全てチャットを通じて、である。険のある言葉選びになってしまうことはあったかもしれないが、それでもそこまで明け透けに感情を露わにしたことはない、つもりでいたが。
志垣：　えっと、俺が怒るとそっちに何が起きるの？
彼女：　前に、停電したとき、怒ってたでしょう？
そういえば、そんなことがあったな。
志垣：　先月だっけ？　チャットの最中にブレーカーが落ちちゃったね。
話題が何だったか忘れたが、ちょっと不愉快な感情が高ぶって打鍵に熱が籠もる、その真っ最中に停電が起きたのだった。

窓の外から漏れる外灯の目映《まばゆ》さから停電しているのは自分の部屋だけで、「ブレーカーが落ちたのだ」ということはすぐに分かった。

電子レンジと電気ポットとエアコンを同時に使った覚えはなかったのだが、ミドルタワーのパソコンは停電によりダウンした。

志垣：　うち古い家だからねえ。パソコンも落ちて、大変だった。

彼女：　もしかして、偶然だと思ってる？　じゃあ、写真送るから待って。

不意に脈絡のないリアクション。

彼女からは、ガラケーで撮影したのであろう写真画像が送られてきた。

それは、誰かの手首だった。

特徴的なほくろの位置などから、〈彼女の手首〉だとすぐに分かる。

が、その手首には赤黒い帯状の痕が付いている。

強く握りしめられて鬱血《うっけつ》したような、何とも痛々しい痣だ。

彼女：　これ、私の手首。右手の外側から、ぐいって掴まれた痕ね。

志垣：　えっ⁉　誰にやられた？

彼女：　……あなたに。

志垣：えっ。えっ。
　全く心当たりがない。
彼女：先月チャットしてたとき、私が〈痛い痛い〉って言って、ログアウトしたじゃん。
志垣：あったけど、あれは胃痙攣《けいれん》とかそういう話じゃなかったの？
彼女：違うよ。あなたの仕業。
志垣：馬鹿な。こっちは浜松、そっちは名古屋。百キロも離れてるのに。
彼女：距離なんか関係ないんだよ。こういうの。
志垣：でもこんな……何ですぐに言わなかったんだ。
彼女：言ったらあなた、気にするかと思ってさ。言わないほうがいいかなって思って黙ってたんだけど、一応写真だけ撮っておくか、って。
志垣：でもこんなの……。
彼女：あのチャットのとき、何だか凄く怒ってたじゃん。
志垣：そうだっけ。
彼女：そうだよ！　機嫌悪いの珍しいから、よく覚えてる。
　志垣氏は罪悪感で一杯になった。
　自分が不機嫌になると、ブレーカーが落ちる。

そして、遠く離れた彼女の身体に傷まで付けてしまった、というのだ。
何たることだ。
彼女：それとさ。一昨日のチャットの後、一人でシてた？
志垣：えっ。いや、それはまあ。ハイ。シてました。
彼女：だよね！
何でそんなこと分かるのか。
カマかけに引っかかっただけなのか。
彼女：私さあ。一昨日のチャットの後、パンツの中に手を突っ込まれたんだよね。私、そのときうつ伏せに寝てたんだよ。じゃあこの手、何処から来たの？　って思うじゃん。
志垣：それって、お前の手首掴んだのと同じ、ってこと？
彼女：だろうね。〈あっ、これあなたの手だな〉ってすぐに分かったから、怖くはなかったんだけど。
志垣：それは悪かった。つまり、それは俺の生霊がそっちに出てたってこと？
彼女：うーん、そういうのじゃないみたい。何て言うか、あなたが腹を立てるとこういうことが起きる。
志垣：それは、君の影響で？

彼女：　いやいや、そうじゃなくてさあ。いい？　思い出してみて。今までにも似たようなことがあったはずだよ。

志垣氏は記憶を遡ってみた。

この家は、そこそこ古い。古いからブレーカーが落ちるのだと思っていた。

ブレーカーが落ちるたび、腹立たしく思っていた。

……いや、違うな。

何かしら腹立たしく思っているときに、いきなりブレーカーが落ちるのだ。

順番が逆だ。

先月だけじゃない。それ以前にもあった。彼女とチャットで揉めてしまったことがあって、そういうときもブレーカーが落ちてた。

志垣：　そういえば、あるな。

彼女：　でしょう？　でもね。ここ最近だけじゃない。私と出会うより前から、あなたが今より小さい頃から、ずっと昔からあったはずだよ。

初めて一人で眠った夜はどうだったか。

母が仕事で遅くなり、一人きりで帰りを待つあの夜はどうだったか。

廊下には、ソケットに電球をねじ込んだだけの電灯があって。

布団を敷いた部屋に紐の付いたペンダントライトがあって、常夜灯が仄昏《ほのくら》く瞬いていた。

いない。母がいない。明かりは暗く、電灯は心細い。

消えてしまいそうで、消えたら怖くて……消えちゃうんじゃないか。

消えるかも。いや――消える。

部屋は突然暗転し、常夜灯は消えた。

その瞬間、自分はどう考えていただろうか。

母がいない寂しさと、〈何故母がいないんだ〉という怒りが綯い交ぜになっていなかったか。


小学生のとき、母に連れられて親戚の家を訪問する用事があった。

出かける直前、些細な悪戯が母に露見した。自分では〈些細な〉と思っていたが、それは母の逆鱗を大いに刺激したらしく、日頃の優しい母からは想像も付かないほどにきつく叱られた。怒髪天を衝き、雷が落とされた。

「あんたみたいに悪い子は電車も乗せてくれないよ！　連れていきたくない、って停まっちゃうんだから！」

瑕疵は明らかに自分にあったはずだが、幼い志垣少年は母の怒りを理不尽だと感じていた。

母にぐちぐちと怒られながら電車に乗り込む。

ゆっくりと動き出す電車。

このとき、自分はどう思っていたか。

そうだ。

〈本当に停まればよい〉

腹立ち紛れにそう思った。

ホームから動き出していた電車が、がくん、と停まった。

車両内に急停車を詫びるアナウンスが流れ、慌てた様子の車掌が運転台に向かって小走りに駆けていく。


受験生だった頃、家には家庭教師が来訪していた。

塾には通わなかった。だが、その代わり志垣少年の勉強を見つつ逃げ出さないように見張らせる役として、家庭教師が付きっきりだった。

志垣少年はそんな家庭教師の存在を煩わしく思っていた。

あれをしろ、これをするな、ここはこうしろ、分からなければ早く聞け、自分で考えろ。

何故分からないんだ。

反抗期である。それこそ、あれこれ指図をされるのが厭だったのだと思う。

だから、家庭教師を家に近付けたくなかった。

家の黒電話に手を置いて、〈来るな、来るな、家庭教師、来るな〉と念じてみる。

これは、願いというよりも怒りに任せた呪いのようなつもりだったかもしれない。

すると、電話が突然鳴り響いた。

『ごめんね。今日はちょっと、気分悪くなってそっちに行けなくなっちゃった。お母さんに謝っておいてくれないかな』

受話器の向こうで家庭教師が力なく言う。

志垣少年はざまを見ろ、という気持ちになった。

これは一度だけの偶然ではなかったはずだ。

車が故障して。身内が病気になって。急な用事が入ったので。

何かしらのアクシデントに頻繁に見舞われた家庭教師は、月謝に見合うやる気を疑われたのか、いつの間にか来なくなっていた。

このとき、そうだ。

電話に手を置いて、〈来るな〉と。確か毎回念じていた。

怒り任せに。


社会人となって職を得たときはどうだった。

売り場で取引先とトラブルが発生した。

連絡不達はどちらの責任だったか。

俺はちゃんと伝えた、こっちは絶対に聞いてない。

記録も取らない水掛け論にうんざりしながら、キレ気味に怒鳴り合った。

社会人にあるまじき剣幕で、やはり頭に血が上っていたと思う。

店内の蛍光灯が、いきなり切れた。

志垣氏の頭上にあったもの四本が、怒号に合いの手を入れるかのような絶妙なタイミングで〈バツン〉と切れ、頭が冷えた。


彼女と知り合って間もない頃、些細な行き違いからチャットが荒れた。

チャットは何事もなく終えたが、翌早朝、職場から電話が掛かってきた。

「助けて！　売り場のレジが立ち上がりません！」

彼女とチャットで揉めるたび、似たようなことが起きた。

彼女が突然チャットからログアウトしてしまうことがあった。

マシントラブルかもしれない。いつもならすぐに復帰してくるところ、再ログインの気配がない。

何だよ。そんなに臍《へそ》を曲げなくてもいいじゃないか。

そう思ったところ、携帯にメールが入った。

〈ねえ、落ちついて。今、パソコンが再起動してる。私、何も触ってないんだけど、もうずっと再起動を繰り返していて、何もできなくなってるの。だから、落ちついて――話をしましょう〉

あった。

思い出してみると、次から次へと似たようなことが記憶の底から蘇ってきた。

鍵は「怒り」だ。

確かに志垣氏が不満、苛立ち、腹立ち、そういう怒りを抱えて願うと、それらは起きた。

いずれも電化製品というか、機械・装置に干渉するものばかりだったように思う。

全て偶然だと思ってきたが、彼女は〈そうじゃないよ〉と否定する。

志垣：　これ、全部俺のせいなの？

彼女：　そだよ。とにかく、あなたは自分で思っているよりずっと力が強いのよ。もしかしたら、私よりも強いかもね。だから、怒りを貯め込んだらだめ。
志垣：　貯め込むとどうなる？
彼女：　我慢し続けると自分に跳ね返ってくる。人を恨むのもダメ。相手に何か不都合が起きる。ものが壊れたり、電気が消えたり、今まではそんなもので済んできたけど、今後もそれで済むとは限らないでしょ。

成長に伴って、自分が付き合う装置の種類も数も複雑さも増している。
もし、怒りに任せて誰かを恨んだとき、相手がたまたま〈運転中〉だったりしたら？
そのことに思い至ったとき、脊髄《せきずい》を引き抜かれたかのような不安感に苛まれた。

彼女：　とにかく何でもプラスに考えて。プラス思考で、自分に都合よく受け止める、とかでいいから。とにかく怒りを散らすことを覚えてね。それで穏やかに暮らす。

アドバイスとして具体的であるようでいて曖昧な気がしたが、もし具体的に説明されていたとしても、それを素直に受け止められたかどうか自信がない。

志垣：　うん……怒りを散らすっていうのがよく分からないけど、何とか挑戦してみる。

ただ、それでもどうにもならなかったときは？
この懸念は拭えない。彼女より強大な力がある、かも、と自覚させられてしまったのに、自分で制御できなくなったらそのときは、誰に縋《すが》ればいいのか。
彼女：　大丈夫。もしどうしてもダメだったら、そのときは私の母に頼んでみるから。
志垣：　あの……これは修行か何かをして鍛えるとか、向き合うとか、そういうことをしたほうがいいのかな。

割と真剣に思い悩んだのだが、彼女は〈そんな心配は要らない〉と笑う。

彼女：　無理だし、意味ないよぉ。だって、これだけ力が強すぎて、感情が揺らぐたびに周囲にアクシデント起こしてきたのに、あなたはそのことに全く自覚がないじゃない。自覚の有無に拘らず起きるのだから、これはもう普段は気にしすぎないようにするしかないよ。
志垣：　マジかー。
彼女：　マジマジ。もしも本気でコントロールしようと思ったら、よほど修行しなきゃ無理だと思うけど、そんな修行、真面目にやる気ないでしょう？
志垣：　うっ。
彼女：　ほーら図星だ。だから、能力を自覚しない。こんな力が自分にあった、なんて忘れてるくらいがあなたには丁度いいよ。
志垣：　そっか。そうだな。そもそも、こんな話、誰かにしても信じてもらえそうにないもんな。

彼女：　信じてもらおうなんて思ったらダメだよ。ドン引きされるよ。逆に、力を使って何とかしてみせよう、みたいなことも考えちゃダメ。凄い力だと思うけど、修行もしてなくて制御もできてない。暴発しちゃうよ。

志垣：　暴発かあ。

彼女：　分不相応な能力で、自分が何かできるというのは思い上がり。頼られても応えられないから、〈できる〉なんて言っちゃダメ。

　これは、彼女自身の経験からくる戒めかもしれない。

　霊的破瓜を経てそうした力に目覚め、時に鋭すぎる勘や予知に近い能力を発揮しつつも、その力を使おうとすると、扱い切れなくなる。そして、対価或いは能力の揺り返しのようなものに見舞われる。

　よかれと思って添えた一言が的中し、抱かれた疑念を払うために自身の能力について理解を求めようとし、その結果、それこそ化け物を見るように一瞥《いちべつ》されて、それから見えない壁で距離を置かれる。

　能力者あるある、というものでもあるらしい。

　確かに、取材を通じて知り合った多くの、〈能力を自覚している人々〉は、多かれ少なかれ似たような戒めを自身に課していたようにも思う。

つまりは、能力者人生訓といったところか。

志垣：うーん。知りたくなかったなあ。そんな力。
彼女：何言ってんの。人のこと羨ましがって、知りたがったのあなたじゃない。
志垣：くっそー。
彼女：あっ、ほらほら。怒っちゃダメ。怒りを貯めない。怒りをぶつけない。怒りを散らす練習、やらないと！　またブレーカー落ちちゃうよ！

＊

僕が知る限り、志垣氏は惚気が大概であることを除けば、概ね穏やかな人物であるように思う。怒りで装置を吹っ飛ばす人、という人物像に結びつかない。

だがこれは、彼女のアドバイスを受けて心掛けたことで磨かれ、暴発を制御する能力を会得した結果なのかもしれない。

なるほど。

黄泉《よみ》ノ家

怪談を書く。仕事として書く。

体験者に会って聞いて、或いはメールやその他のルートで連絡をいただいて、それを元に書く。

聞き書き怪談という仕事の半分か、それ以上が「聞く」という部分に占められているように思う。そのためか、知遇を得た怪談作家の多くは、いずれも人懐こかったり、人の懐に入るのがうまい人が多い。恐らくあれは、天性のものだ。

皆、おどろおどろしい話を書かれているのに、直接会って話すと大抵は朗らかで愉快な怪談作家が多い。そんな人々にだからこそ、体験者は胸襟《きょうきん》を開くのだろう。

怪談――の元になる体験談は、一息に全て語っていただけることもあれば、何度もやりとりして体験者の記憶の封印を少しずつ解いていくような気の長い、地道な作業になる場合もある。

一夜に起きた一度だけの体験であれば、そう長くは掛からない。事の始まりから終わりまでを、一息に語り切れるからだ。

しかし、中には非常に長期に亘って起きた体験談を伺う場合がある。それこそ、何日、何週、何カ月どころか、何年、何十年、場合によっては何世代も続く出来事であったりすることすらある。

その怪異の濁流の中で知り得た、或いは当事者として体験したエピソードを伺う訳であるが、大抵の体験者は最も強く印象に残ったことから語り始めることが多い。恐らくそこをより鮮明に記憶しているせいだろう。

そのためか、実は体験談として伺った段階では「金縛りに遭った！」などから語りが始まるものが、全体の八割近くを占めていたような気がする。

怪談好きからすれば、金縛りに遭った、などという怪談は鉄板中の鉄板であろうし、これまでにゲップが出るほど見聞きしてきたものだろう。

しかしながら、自身がその当事者になったときは別で、やはり「金縛りに遭う」というのは現象として非日常的で特別、そしてクライマックスなのだ。

怪談作家は、そして読者は知りたがっている。そのクライマックスに至るまでに、何が起きたかについてを。

ただ、体験者の記憶の底にある鮮烈な体験の記憶は、大抵順番通りには思い出されない。

それこそ、つい最近のことを語り、紐付けされた子供時代のことを語り、不意に思い出して若い頃のことを語り、そこから親族のことを語ったりもする。忘れていたことを不意に思い出し、欠落していたマスターピースがカチッとはまることもあれば、新たに思い出されたことによって謎が深まることもある。

最近は体験者自身が、自身の体験を語る機会も増えた。

同好の士、又はそうした体験、怪談に理解がある人相手であれば、猜疑の目を向けられることなく語ることもできるようになった。

そうして語り慣れてくると、体験者は「時系列順に時間を追って語る」ことができるようにもなってくる。良いことだと思う。

一方で、語り慣れていないケースというのがある。

体験者が自身の狂気を疑い、猜疑の目を恐れ、社会的立場を守らんとするばかり、ずっと秘匿してきた――そんなエピソードだ。

それは、前述のように時間も場所も体験者も全てがバラバラに語られる。

これを並べ直し、組み立てていく。怪談作家というパズラーは、このピースの欠落したジグソーパズルを組み直し、語り直すのが重要な仕事と言っていい。ここだけは、作風もスタイルも異なる多くの怪談作家に共通する仕事であり、個々の仕事ぶりが映えるところでもある。

そうしたエピソードの全体像を露わにするのに、思いがけず長期に亘る時間が掛かることがある。それこそ、数カ月に亘って実況を聞かされるようなこともあれば、十年越しで話を聞き、時折欠落した記憶が思い出されたり、つい最新の出来事が付け足されたり。

そんなこんなで、僕の〈体験談をしまっておくセラー〉の中には、そういう長期熟成のお話が幾つか未だに眠り続けている。

これは僕の技術が追いつかなくて寝かせているものもあれば、長年聞き続けているのになかなか全貌が見えてこないというようなものもある。或いは、聞き取りが途中で止まってしまったもの、というのも。

少々枕が長くなったが、この話は二〇〇四年十月頃にお寄せいただいた。

＊

昭和の昔——時代としては、一九八〇年代半ば頃のこと。

東京湾の海浜沿いは急速に開発が進みつつあった。タイミングとしては、バブル景気の始まる前夜に当たる。あの狂乱のバブル景気が沸き立ち、東京湾岸に限らず日本中の地価がその本来の価値に見合わない値段に吊り上がっていく、そのほんの少しだけ前のこと。

東京湾岸と言えば、今でこそタワーマンションが建ち並ぶ人気地域だが、当時は決して治安がいい土地とは言えなかった。

都内ではあっても実のところ都心からは遠い。街が街として形成される途上にあり、有象無象の蠢《うごめ》くカオスのような空気がまだ漂っているような、そういう土地だ。

舞台となる街について、体験談を書き留めたメモには詳細な説明がある。故に、それを元に地誌を掘り下げることはできるのだが、あまりにも不穏が過ぎるので詳細な言及は避けておきたい。故に、「東京湾岸の、後に開発が進む何処か」くらいで御勘弁いただこう。

当時、墨俣《すのまた》さん御一家は家を探していた。

――何となく、不動産の値段が上がり始めている気がする。

あのバブル前夜、そんなことに気付けていたのかどうかは分からないが、墨俣家の御主人は耳聡くそんな噂を聞きつけた。

これからどんどん土地も家も高くなっていくのであるなら、今が新居を手に入れる絶好のチャンスなのではあるまいか。借家暮らしも長いし、ぼちぼち自前の家を持ってもいいのではないか。

比較的築浅で、比較的安く、まだあまり開発されすぎていないようなところがいい。

墨俣さんは、そんな都合のいい条件あるものか、と思っていたが、父が理想に近い好条件の物件を見つけてきた。

休みに時間を作って家族で出かけてみたところ、それはまだ新築と言ってもよいくらいに新しい、分譲団地だった。

十数階建ての集合住宅の三階。当時は、辺りに背の高い建物はほぼ皆無で日当たりもよく、三階からでも東京湾を見晴らすことができた。

特にこの眺望は家族の誰もが気に入った。

両隣と上下階は空き家だった。これほど好条件の物件なのだから、いずれそれらもすぐに埋まるのだろうが、それまでの間だけでも多少の騒音は気にすることなく過ごせそうだ。

元の売主が内見に同席していた。

〈これからの場所ですよ〉

〈掘り出し物ですよ〉

〈今を逃せば出てこない物件ですよ〉

〈もうじき値上がりしますよ〉

売主は、それこそ同行の不動産屋よりも積極的に、アピールしてきた。

父は即断即決の人で、このときにはとうに購入を決めているようであったが、一応は母と相談する振りをしていた。家族からすれば白々しく思えるような振る舞いに墨俣さんは吹き出しそうになったものの、父が口籠もるたびに売主は値引きを口に出した。しまいには、「幾らでもいいから、できるだけ早く」という前のめり具合で、不動産屋が「売主様がここまで好条件を出されてしまうと、私どもも困っちゃいますね」などとこぼした。

もうじき値上がりするなら、それこそ売主はもう少し待ってもよいのでは？　と心配になるくらいだったが、恐らく早く現金化したい特別な事情でもあるのだろう。

結局、交渉とも言えない交渉の結果、当時としても、そして地域の相場に比べても随分と破格の値段での取引が成立した。

「これは本当に掘り出し物だぞ」

父は大幅な値引きを引き出せたことに御満悦で、一家は慌ただしく海沿いの新居に移ることと相成った。

家を買うときは、家の中よりまず街を見よ。

不動産を初めて買う人は、ついついきらびやかな物件の内部にばかり目を奪われがちだが、実のところ、より重要なのは家を取り巻く周辺環境のほうである。

掘り出し物の内見に浮かれて勢いで購入を決めた墨俣一家は、その分譲団地がある街について、さほど詳しくはなかった。

東京湾岸である。比較的築浅物件である。街はこれから発展していく地域である。

釣り書きにあった謳い文句に嘘はなかったが、移り住んでみると正直なところあまりいい土地ではないことが判明してきた。

築浅ファミリー物件であるはずなのに、近隣でファミリーをあまり見かけない。

都心や十分にこなれた住宅街ならば、狭い通りであっても車や人の往来を見かけるものだろう。が、整備された大通りに車通りはあまりなく、そもそも人を見かけない。バブル後に大いに賑わう台場などのように観光客がいるでなく、分譲団地であるにも拘らず周囲は閑散としている印象がある。

もちろん、ゴーストタウンではないのだから、人の気配がないではない。

時折、奇声を上げながら徘徊する人を見かける。心を病んでいるのだろうと思うが、それについて詳しく教えてくれるような近所付き合いをしてくれる知己はいない。

警察の巡回が密であることは治安の上でありがたいことだが、そうなっている理由はというと、傷害事件や殺人事件、死体遺棄事件などが日常茶飯に起きていたためであった。

要するに、「あまり良い土地柄ではないので、各々気を付けて下さい」ということ。

それでも父は「ここはこれからの街だから。いずれ人も増えて賑やかになる」と納得することにしたようだった。


引っ越しから三日目のこと。

新しい家での新しい暮らしであれ、一緒に暮らす顔ぶれは変わらない。

父、母、祖母、墨俣さん、それに彼女の妹さん。

それと、愛猫のミーコ。

犬は人に懐く、猫は家に懐くというが、住み慣れた家から連れてきたミーコが新居に慣れるかどうかが気掛かりだった。

ミーコは、フンフンと部屋の匂いを嗅いで新居の宅内を一通り巡回した後、父の足下で丸くなった。

「ミーコもお気に召したかな」

「そうみたいね。よかった」

初日に家族でそんな話をした。

三日目の今日、ミーコの姿が見当たらない。

室内の何処からか、ミーコの鳴き声が聞こえる。

餌をねだる甘えた声ではない。

トイレを片付けろ、と騒ぐ声でもない。

今正に捻り潰されようとしているような、くぐもった汚いダミ声。

ギギャッ。

そして、鳴き声が止まる。

「……ミーコ？　ミーコ、何処？」

引っ越し荷物の荷ほどきはとうに済んで、邪魔な段ボールも片付けた。

ミーコが散々楽しんだ段ボールは昨日のうちにゴミに出したし、隠れるような場所もないはず。

「ミーコ？」

風呂場を覗いた。

そこに血溜《ブラッドバス》まりがあった。

浴槽の底にミーコが横たわっている。

マズルが血まみれになっている。

血を噴いたのだと思われた。

猫の血量とは俄には信じ難いほどの、それこそ身体中の血液を扱《しご》きとってしまったのではないかと錯覚するほどの、血、血、血。

赤くぬめる血液はまだ少しも乾いておらず、つい今し方事切れたばかりであることを示していた。

墨俣さんは絶叫した。

これが最初の、そしてささやかな異変の始まりだった。

築浅分譲団地の三階。

東京湾を望む眺望。

格安で手に入れた新居。

これからの街。

マンション・ポエムに踊らされた訳ではないつもりだったが、この家は——この部屋は何処かおかしかった。

愛猫は早々の退場となったが、家族は変わりない。

父と母と祖母と墨俣さんと彼女の妹。

その他の誰かが入り込む余地はないし、知り合いを家に招いてもいない。

そして、両隣と上下階は空き室だと聞いた。

が、夜毎それは現れた。

東京湾を見晴らすはずのバルコニー。

その大きな掃き出し窓から、女が覗いている。

最初に気付いたのは墨俣さんだった。

視線を感じて掃き出し窓を見ると、窓の外の女と目が合った。

それが人か、人の形をしたものだ、ということはすぐに合点がいった。

が、そんなところから覗かれていることに合点がいかなかった。

女は掃き出し窓の上の隅から、逆さにぶら下がって室内を覗き込んでいたからだ。

人間がそんなところから、そんな角度で覗くだろうか。

まして、ここは分譲団地の三階である。バルコニーの天井は、そのまま上層階のバルコニーの床になっている。

女は一体何を、何処を足場にして、どのような姿勢を維持しているのか。

墨俣さんは、何も気付かない――そんな振りをしながら、カーテンを引いた。

部屋の明かりを消すと、外灯の明かりが仄かに室内を照らす。

バルコニーに面した掃き出し窓のカーテンには、逆さにぶら下がる女の頭のシルエットが見えている。

足下に目を逸らすと、カーテンの隙間からバルコニーがちらりと見えた。

そこにも人影がある。

バルコニーを歩き回る足が見え、掃き出し窓の戸口に掛ける手が見える。

それを確かめるためにカーテンを開けるのは厭だった。

一夜限りの見間違いならまだ良かったのだが、それらは毎夜現れた。

少なくとも一日に一回は必ず現れた。覗かれているのか見張られているのか、それは分からない。


それでも、「外から覗き込まれている」というだけなら、まだ耐えられた。

そのうちにそれらは遠慮がなくなった。

室内の何処かから人の気配がする。

気配とは、何か特別な能力で察知するもの、ではない。

人いきれ、息遣い、足音、衣擦れ、物に当たる音だったり、物を落とす音だったり。

人間の五感、特に研ぎ澄まされた聴覚によって感じ取ることができるものの総称が気配である。

家族がそこにいれば、家族が生活することで立てる音を〈気配〉として感じ、時にそれに安堵したりする。

だが、在宅する家族全員がリビングに揃っているときに、リビング以外の場所から気配がするのはどういうことだ。

玄関を開けて閉める音がする。

出入りのあるはずのない部屋の戸が開く音がする。

ドアノブを回す音がするし、そのノブは墨俣さんの目前で〈ガチャリ〉と回転する。

そして、キィ、とドアが開く。

人の姿は当然ない。ドアは再び、キィ、バタン、と閉じる。

その姿は見えないのだが、家族の誰かがそうするように実際に室内の戸を開け閉《た》てして出入りしている者がいる。

そして、扉の音でも足音でも物音でもない音が聞こえてくる。

抑揚の付いた声。

掠《かす》れて聞こえてくる声を、最初のうちは家族の誰かの話し声かと思ったし、そう思いたかった。

家族全員が揃っている場で、家族のいないはずの場所から聞こえてくるようになった。

だからそれは、テレビとかラジオとか、そういうものだと思いたかった。

当時、テレビはリビングにしかなかったし、その頃のラジカセの類には勝手にスイッチがオンオフするような機能などない。

耳を欹て、そして確信した。

何者かの歌声が聞こえてくる。鼻歌ではなく、明確に発音して言の葉を歌うもの。

調べははっきりしているが心当たりのない節回し。

そして、歌だと分かるのに歌詞は分からない。


この家での暮らしは続いた。

そうは言っても賃貸住宅ではない。団地とはいえ、分譲住宅である。

ローンの支払いはあるにせよ、買った家、持ち家である。一念発起して即断した、とはいえ、父にとっても安い買い物ではない。だから、そう簡単に手放す訳にはいかなかった。

そのうち慣れていくのではないか。

向こうさんも飽きてはくれまいか。

うまく折り合っていけるのではないか。

一家は祈りめいた願望を心の支えに、その部屋に住み続けていた。

墨俣さんの妹さん——名を瑛子さんとしておくが、瑛子さんはこの家が嫌いだった。

喜び勇んで買った両親の気持ちを汲めば、それを言葉に出すのは憚《はばか》られた。

自分が、家族が寛ぐべき憩いの家に、家族以外がふんぞり返っているのが厭だった。

中でも風呂場は大嫌いだった。

本来風呂好きの彼女にとって、風呂こそは誰に憚ることなく憩《いこ》うサンクチュアリだった。

湯を使うとき、家族の誰かが入ってくることはないし、浴槽を独り占めして湯に揺蕩《たゆた》う
ことは、この上ない喜びだった。

築浅物件の設備の新しい風呂など、何の不満があろうか、と思っていた。

が、この風呂場で湯を使い出してさほどもしないうちに、風呂場は瑛子さんの独占が許
されない場所であると悟った。

湯を浴び、髪を洗っていると、人の声がする。

シャワーで流して鏡を見れば、自分ではない女の肢体がそこにあった。

その肌の張りは、女がまだ若々しい年齢であることを感じさせた。自分とそう歳の差は
ないように思えた。

だが、自分以外の誰かが湯に入ることを許した覚えなどない。

振り向いて確かめるのも厭だった。

風呂場への闖入者はこの一度きりではなかった。

「弔 黄泉ノ家 怖い話

不意の声がけは頻発した。

若い女の声であるうちはまだよかった。

幼い子供の声も、まあ許せる。

若い男の声が聞こえたときには、風呂椅子に腰掛けた尻が浮き上がるほど驚いた。

思わずそのまま風呂から飛び出した。

ほとぼりが冷めるまで、家の風呂を使うのが厭になった。

とはいえ、妙齢の瑛子さんが風呂を一切使わないなどはあり得なかった。

そして、埋め立て地に造成された新しい「これからの街」には、銭湯などというものなどないのだった。

数日程度の警戒の後、瑛子さんは恐る恐る風呂場へと帰還した。

何事もなく湯浴みを終え、そうそう起こることではないのだ、と安心した。

翌日の入浴中、湯を被って目を開けたところ、浴槽に見知らぬ中年男が佇んでいるのを目撃した。

中年男はニチャリと嗤い、ダミ声で何某か語りかけてきた。

瑛子さんは再び絶叫して風呂場から飛び出した。

こんな家であるから、当然夢見はよくなかった。否、よくあろうはずがなかった。

あるとき、瑛子さんはこんな夢を見た。

自分は屈んでいる。

腰を下ろし、身体を——首を前に突き出して俯いている。

これは、風呂場で髪を洗うときの姿勢と同じはずだが、どうにもそれとは様相が異なる。

そう、まるで受刑者のようだ。

突き出した首を、業物《わざもの》で一刀両断されるのだ。

自分は罪人なのだ。

と、気付いた瞬間に、自分の首は白刃の露《つゆ》と散る。

胴と泣き別れになった首が弾みで宙を舞う中、刀を振り下ろした男の姿が視界を横切る。

視界は目映く光る真っ白な世界になり——。

そこで目が覚める。

悪夢である。

この夢を連日見せられた。

内容は同じで、膝を突いて首を突き出し、男の持った刀に両断されて終わり。

それを毎夜繰り返すのである。

それでも風呂には入らねばならない。

この頃には、ゆっくり湯を使うことが恐ろしくなり始めていて、瑛子さんは必要最低限の洗髪、洗体を済ませてそそくさと浴室を出るカラスの行水が増えていた。

とはいえ、身体を温める程度には湯船にも浸かりたい。

浴槽に身を横たえて、ふう、と息を吐いたそのとき。

曇りガラスのドア越しにある脱衣所の明かりが消えた。

真っ暗になった脱衣所側に、人影がある。

何事かもそもそと喋る人物は、恐らくは父だろう。

「何？　お父さん？　あっち行ってよ！」

実父であろうと男は男。

思春期まっただ中の瑛子さんにとって、何の声がけもなく無断で脱衣所まで入ってくるなど言語道断である。娘だから、などという気安さにも限度がある。

父と思しき人影は、何事かを言いかけていたようだが、ガラス戸越しでは聞き取ることはできなかった。

「お父さん！　あたしがお風呂入ってるのに、覗きにくるの本当やめてくんない⁉」

風呂上がり、瑛子さんは怒り散らかしながら父の無作法を詰った。

「お父さん、何処⁉」

墨俣さんは、ぷんぷんと腹を立てる妹が、何について怒っているのか分からなかった。

が、分かっている確実なことを答えた。

「お父さんいないよ？」

「何処かに隠れてるの？」

「隠れてるも何も、お父さん今日は夜勤の日じゃん」

「あっ」

そうか。

そうだった。お父さんいないんだった。

じゃあ、あれはお父さんじゃないんだ。お父さんじゃなくて――。

瑛子さんは考えるのをやめた。


悪夢は変わらず続いていた。

自分は首を突き出し、それが白刃に跳ね飛ばされる。

宙を舞う自分の視界に、刀を持った男。

内容は毎回全く同じで、何の変化も起きなかった。

見慣れることと、それに慣れることとは違う。

自分の首が切り落とされる感触はやけに生々しく、決して慣れることはなかった。

ある晩、いつものように風呂場に足を踏み入れた。

が、何かいつもと違った。

焦燥感というのか、違和感というのか。

猛烈な胸騒ぎに責め苛まれる。

風呂場に普段との違いはない。また誰か出るのかもしれないが、どうにもそれとも違う。

どうした訳か、日々苦しめられている悪夢の場面が、断片的に思い出された。

目を閉じるだけで、それが脳内一杯に広がるのだ。

膝を突き、屈んで首を差し出す。

そうだ。これは、いつもそうしている。

必ずする、髪を洗うときの姿勢だ。

最初に夢で見たときから、気付いてはいた。だが、今はその符丁が何とも言えず気持ちが悪かった。

また誰か出てこられても厭だしな。

早めに出よう、と逸る気持ちがそうさせたのか、このとき瑛子さんは普段と少しだけ違う行動を取っていた。

いつもなら、浴室に据え付けられた鏡に向かって頭を突き出すようにして洗髪をしているのだが、このときはいつもと逆の姿勢で髪を洗っていた。

特に深い理由はなく、本当に無意識のうちにそうしていた。

すると――。
パ、キュン。
背後から破裂音とも粉砕音とも付かない鋭い音が聞こえた。

硬い何かが割れたような。

「ふえっ？」

瑛子さんは、思わず風呂場の天井を見上げた。

浴室内はハレーションを起こして真っ白になるほどに、眩しく光り輝いていた。

これも知っている。

そうだ。首を刎《は》ねられて、夢が終わるとき確かこんな――。

浴室内がやけに眩しい理由はすぐに分かった。

浴室には円筒形の浴室灯が備えられていた。電灯の上に、円筒形のガラスのカバーをかぶせてあるものだ。

その円筒形のカバーの底の部分が、まるっとくり抜かれてなくなっていた。

曇りガラスの遮蔽《しゃへい》を失い、剥き出しになった電球が煌々と輝いていたのだ。

——なあんだ、これか。

安堵して足下を見ると、その欠落した円盤状のガラス片が、鏡の前に落ちて砕けていた。

そこで気付いた。

もし。もしも、だ。

もし、いつもと同じように鏡のほうに向かって、首を突き出して髪を洗っていたとしたら、どうなっていただろうか。

あのガラスの円盤、自分の首の上に落ちてきたんじゃないだろうか。

怪我をしたかもしれない。

いや、怪我では済まない負傷を負っていたかも。

白刃に首を刎ねられた、あの夢のように。

あの夢は、このことを示唆していたのではないか。

危機を知らせる善意の注意喚起か。

それとも、お前をこうしてやるぞ、という予告か。

どちらとも付かない。どちらもあり得る。

逡巡した、その一瞬の隙を突かれた。

〈ふふ。ふふふふ。ふはははははははは〉

笑い声が響き渡った。

今日のこれは、女の笑い声だった。

嘲りを孕《はら》んだ笑い声だった。

殺そうとしたのか、殺し損ねたことも企みのうちだったのか。

瑛子さんが恐れ、怯える様を堪能していたのかもしれない。

そのどれとも付かない。どれもあり得る。

瑛子さんは風呂場から飛び出した。


墨俣さんの父は、ビル管理を生業にしている。

夜勤が多いのもその仕事柄である。

翌朝帰宅した父は、浴室の状態を見て言葉を失った。

「何だこりゃ」

その分野の専門家でもある父に言わせるならば、電灯のカバーがこんな割れ方をするというのはその構造上あり得ないらしい。

ガラス製品は、温度差、気圧差などの影響を受けることがあるし、過度に力を掛ければ思わぬ壊れ方をすることもあるかもしれない。

だが、ここは酷寒の地ではない。灼熱の地でもない。高圧も、低圧もない。

東京湾を見晴らす湾岸沿い、これからの街である。

ぶら下がったというなら根元から割れるだろうし、締め付けすぎたのならやはりネジ山を切ったところから割れるだろう。

円筒の底、先端部分だけがすっぱりと抜けるなど、考えられない。

「不思議なこともあるもんだな」

瑛子さんの悪夢や、瑛子さんの見た浴室の者どもを父は信じない。


東京湾を見晴らす湾岸沿い、これからの街。

日当たりのいい南向きのバルコニー。

暖かい日差しに包まれ、穏やかな暮らしをあなたに。

そんな触れ込みだったと思う。

その割には、前の売主は売り急いでいた。

もう少し待てば値上がりしますよ、なんてことも言っていた。

値上がりを待ち切れず、捨て値に近い言い値で買い取った。

幸運で手に入れた終の棲家。

そうなるはずだった。

暮らし始めて数年が過ぎた。

日当たりのいいはずのリビングの壁には、何故かびっしりと黒い黴《かび》が蔓延《はびこ》っている。

綺麗好きの母が何度となく拭き掃除をし、業を煮やして壁紙の張り替えに挑んでみたりもした。

が、そうした尽力は全て徒労に終わり、いつからか諦めていた。

リビングの一角に仏壇が置かれていたが、ここに運び入れたときは金色に光り輝いていた仏壇内張の曼荼羅《まんだら》は、いつの間にか染みだらけになっていた。

雨が当たるような場所ではあり得ないし、仏壇の内側に何かをぶちまけるような無作法をする者はいない。

それは汚れなのか、それとも乾いた血痕であるのか、分からない。

これも、素人がどうにかできるようなものではない、と早々に諦めた。

部屋の上階と下階、左右両隣の部屋は、時折入居者があった。

分譲団地であったので、賃貸入居ではなく恒久的な入居であるはずだ。にも拘らず、あまり住民は居着かなかった。慌ただしく越してきたかと思うと、挨拶を交わすタイミングを伺っているうちにもぬけの殻になっていたりする。

賃貸住宅であったとしても、契約期間に遥かに届かない短期で出ていくことなどあるだろうか。そこまでして逃げ出さなければならない、そういうことだろうか。

近隣に人は居着かず、墨俣家は終の棲家の近場に知遇を得る機会には、ついぞ恵まれなかった。

そして、家族は疲弊していた。

妹の瑛子さんは、家を嫌っていた。

墨俣さんは、家の中の闇を酷く恐れた。

闇の中に望ましくない者を幾度となく見たからだ。

闇の中からいもしない誰かの歌声を聞かされることにうんざりしていたからだ。

そしていないはずの闇の中に、佇まれていることが厭で厭で仕方がなかった。

父は最後まで「いもしない誰か」の存在は信じていなかったし、父自身がそれらを目撃することもなかった。

だが、娘達の憔悴《しょうすい》が尋常ではないことは痛感していたし、これ以上はもう無理なのだ、とも悟った。

「この家は、売ろう」

ついに父は諦めた。

ローンはまだ残っている。

あの後、バブル景気が訪れて、一気に地価や分譲物件の価格は跳ね上がった。

思えば売れるうちに売ってしまえばよかったのかもしれない。

まだもう少し待てば、このまま行けば、もうちょっと行けるんじゃないか。

家族を襲う違和に耐え、欲を出していたのが恐らくいけなかったのだろう。

気付いてみたらバブルは過ぎ去っていた。

分譲団地の価格は急速に下落し、旨味のある価格ではなくなっていた。

それでも、これ以上ここにいるのは無理だ。

娘達がもう保たない。

この家に住んで九年。

墨俣家は部屋を売り払って引っ越した。

バブルの後ということもあってなかなか買い手が付かなかったが、そこは立地に助けられた。

東京湾を見晴らす眺望の良さ。

まだまだ開発が進んでいく途中にある、これからの街。

父がそんな何処かで聞いたような釣り書きを言ったかどうかは知らないが、仲介した不動産屋は無責任にもそんなキャッチセールスを口にしていたかもしれない。

父が言い値で叩き売ったのかどうかは分からない。だが、程なくして家は売れた。


分譲団地から逃げ出した後に買い直した家に、今は住んでいる。

父は、あの黄泉の国からはみ出てきたような家で長年暮らしながら、とうとう最後まで心霊の類を信じることはなかった。

彼には見えなかったし、聞こえるものについては、「何かしら理屈があるに違いない」と首を縦に振らなかった。

それでも、売却を決めた前夜にはこう宣言した。

「もしも、ここを売って引っ越して、それでもダメだったら――そのときは寺に行こう」

およそ信心深さから縁遠い父に寺の当てがあったのかどうか知る由もないが、そのくらいには覚悟を決めていたようだ。

墨俣さんは引っ越し先の新居で、漸く暗闇でも目を開けられるようになった。

瑛子さんは風呂場で怯えることからも解放された。

そうしたものに最も無縁だったはずの父が、

「今度の家は、何というか空気がからっとしているな」

と言った。

きっと、あの家は海に近かったからだろう。

そんな理屈を言い添えていたが、違いは明確だったということかもしれない。


後年、瑛子さんが確認したところによると、あの家は墨俣家が購入して住み始める前、新築で建って割とすぐに空室になり、五年間ずっと空き家だったのだという。

墨俣さんの父を急かすように売りつけた売主が、最初からの持ち主だったのかどうかも今となっては分からない。

それから数年経って、墨俣家からあの家を買った人がその後も住んでいるのかどうかが気になり、墨俣さんは現地まで確かめに行ったことがある。

時期を空けて二度確認しに行った。

いずれのときも建物は健在だったが、件の部屋に入居者はなかった。

父から買い受けた次の住人は、墨俣家ほども長くは留まれなかったらしい。

もしかしたら、今も空き家のままかもしれない。

＊

実のところ、この話は件の家で起きたことの全てではない。

墨俣さんから知らされてきたお話の全てを書き終えていないし、それ以上に「もう少しエピソードがある」というような予告をいただいた。

僕は、「なるほど、じっくりお伺いしましょう。語れるところから、思い出せることからで結構です」とお返事した。

程なく返答があった。

『お返事遅れてすみません。昨日、ずっと脳の左半分が痛くて。連絡差し上げたことを後悔しておりました』

出来事を語ると、何らかのダメージが及ぶ体験談というのは実際のところある。

怪談本では、「執筆中に怪談作家が呪いを受けて」みたいな近況がまことしやかに語られることがたまにあるが、あれは程度の差こそあれ実際にあり得ることだと思っている。

霊感の有無と無関係に体調不良の形で現れ、書き終えた途端に不調や苦痛から解放される、なんていうこともある。

であるから、体験者に同様のことが起きていても不思議はない。

何かあってはいけないので、できることなら無理をしないでほしい。これは、お話を預かる際に体験者さんにお願いするようにしているし、後進の新人作家さんや読者の方とお話しする機会があった場合にも、同様にお伝えしている。

怪談というのは危ないもので、我々は危ない仕事をしているのだ。

山っ気を出して無理をしないこと、引き際を間違えないこと。大事なことだ。

墨俣さんからの返信には続きがあった。

『このお話の続きをお話しするのは構わないのですが、聞き手に何かあるかもしれません。大丈夫でしょうか。実は何処かのサイトに投稿しようとしたことがあるのです。ですが、そのときは話の全体像が膨大すぎて掲示板などでは書き切れず、幾つかあるうちの一つを投稿しただけで終わってしまいました』

一度は投稿したものですが、と投稿されたものより若干詳しく説明されたものが届いた。

そのときも体調不良に見舞われたらしい。

『ただ、体験談を書くと必ず体調を崩してしまうのです。書こうとすると、邪魔されているような、そういうことがあります。だから、もしかしたらまた何かあるかもしれない。そう思っています』

これは相当だぞ、と僕は居住まいを正した。

慌てるようなことじゃない。

がっつくようなことでもない。

聞ける話は全部聞くし、幾らでも付き合いますよ、と。

幾つかのお話については、軽くあらましだけお知らせいただいた。

子細については次のメールで。

『それでは、話します。次から詳しく送ります』

よろしくお願いしたい、お待ちしています、とお答えして僕は続報を待った。

その後、墨俣さんからの返信は途絶えた。

待って待って待ち続けた。

長いインターバルを挟んで「久しぶり」と体験談を投げ込んできて下さる息の長い体験者もいらっしゃるので、そのうち続きが来るだろう、と思って待った。

年単位で待ち続けた。

待てど暮らせど返信はなく、最後のメールから今年で二十年になる。

もしや、墨俣さんは振り切れなかったのではあるまいか。

あの家からの追跡者に追いつかれてしまったのではあるまいか。

そう思うことがある。

もしかしたら、何かの事情で連絡できないだけかもしれない。

墨俣さんから託されたお話の一部は、全体像を知るためにずっと保留してきた。

もしも墨俣さんが御無事で御存命であるならば、あのとき伺えなかったお話の続きを、今もう一度お伺いできまいか。

御連絡をお待ちしています。

〆書き

毎回、執筆に取りかかる前に「今回はどんな感じを予定していますか」と聞かれます。

「そうですね、今回は、これこれこういう体験談があるのでそれを書こうと思って」

「いいですね！　ではそれで！」

みたいな打ち合わせを一応することはするんですが、なかなかその通りにならないんですよこれが。最近取材してきたお話、不意にぶっこまれてくるお話、昔聞き取りさせていただいたものの書きそびれてきたお話などなど、そういうのをバラっと広げて「さて」と深呼吸して、それから書き始めています。

今回は二十年くらい寝かせてしまった話が幾つかありました。僕の怪談人生が三十年を超えたところなので、割と早い時期に聞いておきながら、何で今まで書いてこなかったのか？　というとですね。いや、これには色々訳が。

まず第一に、若い頃の僕にはそれらをまとめる技量がなかったんです。全体像を見渡せるくらい短い話ならともかくとして、事情が複雑な話ともなると、なかなか取り組むのが大変でしたし、「そのとき、彼はなぜそう思ったのか？」みたいなことまで細かく描写する技量、それと度胸が足りなくて。それでずっと保留にしていました。

それとも重なるんですが、昔の怪談本では長い話というのはあまり好まれなかったというか、書く機会がなかったんですね。初期の『「超」怖い話』で、一話平均四頁くらい。長くても十頁行くかどうかというところで、二百頁と少しの本に対して四十話から五十話くらい収録、というのがスタンダードでした。そうすると、二十、三十、何なら五十頁にも及ぶ話ともなってくると、これがなかなか場を選びます。

また今回で言うと「黄泉ノ家」がそうであるように、聞き取りの途中で連絡が途絶えてしまうということが稀にあります。小粒の、というか単発で起きたエピソードであれば、ひとつひとつを切り出して紹介することもできます。実際、そのような形で蔵出しさせていただいたこともありました。が、かなり長期に亘るエピソードであるとか、細々した出来事がもっと大きなうねりの中の飛び石に過ぎなかったとか、そういう話については、できるだけひとつの塊として出したい、という気持ちがあります。

以前、『「弩《ど》」怖い話2 Home《ホーム》 Sweet《スイート》 Home《ホーム》』（２００５）を上梓させていただいたとき、執筆し始めようとするたび、ほぼリアルタイムで最新の情報（続報）が知らされ続けてくる、というのを初めて体験しました。「三にまつわる怪談」なんですが、編集部にギリギリまで原稿を待ってもらってどうにか収まる限りのところで収めて一冊にはしてみたものの、本が出た後に続報がぽつりぽつりと続いてですね。結局、スピンオフ……ではないんですが、収まりきらなかった後日談やその後の話を別途に書かせていただいたものの、全体像を一冊の中では見渡せなくなってしまいまして。後日『「弩」怖い話ベストセレクション 薄葬《はくそう》』（２０２０）にまとめ直したときに、散逸していた後日談もまとめられました。全部揃うのに結局十五年も掛かっています。

でもやはり、全体像を把握しきれないうちに体験者の方の消息が途絶えてしまったりして、見渡すには虫食いが多すぎるものが難敵で、手を付けられなかったというのが正直なところです。

ただ、それを理由に、形を成さずに僕の手元に留めておくのも違うかな？ と最近は思えるようになりました。歳を食ったからかな、とも思います。

体験談を預かったら、どんな話であれどんな形であれ、できるだけ書いて成仏というか昇華させたい。これは、怪談を仕事にし始めた頃からずっと心掛けてきたことではあります。怪談書きというのは「誰かが被った不幸」を引き合いにお足をいただく仕事ですから、それで自分の手柄と誇るのは違うだろう、というか。僕らは、「打ち明けられた秘密」を形に残すことを体験者さんから託されて、それを書かせていただいてる訳ですから。

そして、その体験者の記憶にだけずっと留められてきたもの、或いは囚われてきたものについて、きちんと〈記録〉に留めたい。紙の本に刷って読者諸氏の自宅の本棚へ、或いは電子書籍となってどこかのサーバ上に残したい。誰かに聞いてほしかった、という体験者の望みを叶えたい、とか。まあ、そういう欲が出てきたんでしょうねえ。

実を言うと「今回こそこれを書くぞ！」と毎回思って用意するのに、毎回書けないでいる話というのがありまして。そして、今回またそれは書けませんでした。一冊分原稿を書き上げてみると、何でかぽつーんと残ってるんですね。何でだ。

他に、「最近思い出したんだけど、前に話したあの話とあの話の間に、実はこんな話があったんだよね」というのを伺ったりもしたんですが、「何でそれもっと早く思い出さないんだよ！」というの以前に、やべえじゃん！　これ絶対に、そのままじゃ書けない話じゃん！　封印怪談どころじゃねえじゃん！　僕の技量じゃ無理じゃん！　いや、技量どころの話じゃねえじゃん！　書きてえええ！　でも、無理いいい！　みたいなのがですね。

書いてないときにも、何だかんだで怯えたり悶えたり力不足を嘆いたりしています。ここ三十数年、もうずっとこんなです。

きっと、たぶん、これからもずっと。

二〇二四年　ＧＷ明け　　加藤一

黄泉ノ家 怖い話

★読者アンケートのお願い

本書のご感想をお寄せください。アンケートをお寄せいただきました方から抽選で５名様に図書カードを差し上げます。

（締切：2024 年 6 月 30 日まで）

応募フォームはこちら

あなたの体験談をお待ちしています
http://www.chokowa.com/

「弔」怖い話 黄泉ノ家

2024 年 6 月 5 日　初版第一刷発行

著者……加藤 一
カバーデザイン……橋元浩明（sowhat.Inc）

発行所……株式会社　竹書房
〒 102-0075　東京都千代田区三番町 8-1　三番町東急ビル 6F
email: info@takeshobo.co.jp
https://www.takeshobo.co.jp
印刷・製本……中央精版印刷株式会社

■本書掲載の写真、イラスト、記事の無断転載を禁じます。

■落丁・乱丁があった場合は、furyo@takeshobo.co.jp までメールにてお問い合わせください。

■本書は品質保持のため、予告なく変更や訂正を加える場合があります。

■定価はカバーに表示してあります。

© 加藤 一 2024 Printed in Japan